In den letzten 500 Jahren haben sich Bücher so wenig verändert, daß ein Buch von damals ohne weiteres neben Büchern von heute stehen könnte – mit dem einzigen Unterschied, daß es vielleicht dauerhafter ist als seine modernen Nachfolger. In diesem Stundenbuch für Letternfreunde hat Horst Kliemann Besinnliches und Spritziges über Schreiber und Schrift, Leser und Buch nach dem Motto von Johann Kaspar Lavater zusammengetragen: «Mir ist kein Lesen nützlicher, als solches kurzer Gedanken. Keines scheint mir reichhaltiger, belehrender, anwendbarer.» Entstanden ist ein Band zum Lobe des Buches und ein typographisches Meisterwerk.

Stundenbuch für Letternfreunde

BESINNLICHES UND SPITZIGES
ÜBER SCHREIBER UND SCHRIFT
LESER UND BUCH

Gesammelt und herausgegeben von
HORST KLIEMANN
mit einem Vorwort von Ernst Penzoldt

Nachdruck mit freundlicher Genehmigung der Linotype GmbH.

Titeletikett: Vignette nach einem Motiv aus dem Münster zu Breisach.

Die bibliophilen Taschenbücher Nr. 445

Gesamtherstellung: Druckerei Hitzegrad, Dortmund
Printed in Germany

Das Stundenbuch für Letternfreunde

erschien aus Anlaß des hundertsten Geburtstags

des Erfinders der Linotype-Setzmaschine

OTTMAR MERGENTHALER

VORWORT

Wohl kein Gegenstand, einschließlich des Mondes, der Rose und der Liebe, kann sich solcher Zuneigung, so vortrefflicher Zeugnisse und so zahlreicher Lobsprüche rühmen wie das Buch. Die vorliegende Sammlung beweist es. Sie scheut sich nicht, auch die freilich seltenen Einwände gegen das Buch zu verzeichnen. Sie vermögen jedoch nicht, die Liebe und Dankbarkeit zu beeinträchtigen, welche die Menschen für das von ihnen selbst geschaffene erweiterte Ich hegen, seit es Bücher gibt.

Ihre äußere Gestalt hat sich durch Jahrhunderte wunderbarer Weise so wenig verändert, daß ein fast fünfhundert Jahre altes Buch ohne weiteres neben Büchern von heute stehen kann, mit dem einzigen Unterschied vielleicht, daß es dauerhafter ist als diese.

An diese äußere Form haben wir uns so gewöhnt, daß wir uns ein Buch gar nicht mehr anders denken können, obwohl es im Grunde, wenn man will, ein recht zufälliges, behelfsmäßiges Produkt der Anpassung an gewisse Gegebenheiten und der Abhängigkeit von Material und vom Körpermaß, von Augen und Händen darstellt, die seine Proportionen notwendig bestimmen.

Es läßt sich nicht leugnen, daß ein Buch als »Geschöpf« keineswegs vollkommen ist, sondern ständig gefährdet, fast so sehr wie ein Mensch. Ja, man könnte daraus unsere Zuneigung erklären. Bücher sind sterblich.

Widernünftig will es uns scheinen, daß nur das Lebendige und Belebte, das Beseelte sterblich und das Unbelebte von Dauer ist. Ich kann mir zwar ein Buch vorstellen, das aus unzerstörbarem, wetter- und feuerfestem Material bestünde, aber ich glaube nicht, daß ich es lieben könnte. –

Man erinnert sich, daß nicht wenige der Unglücklichen, die im vergangenen Krieg Hab und Gut einbüßten, nichts so sehr beklagten, als den Verlust ihrer Bücher. Aber man hat auch davon gehört, daß Besitzer von kleineren und größeren Privatbibliotheken alljährlich eine Razzia vornehmen und mehr oder weniger unerbittlich diejenigen Bücher ausscheiden, von denen sie sich nichts mehr Wesentliches versprechen. Auch ich habe es törichterweise einmal versucht. Ein Waschkorb stand bereit, die zu ewigem Antiquariat Verurteilten aufzunehmen. Weiß der Himmel, ich war offenbar nicht hart genug! Die drei oder fünf Bände, die schließlich im Korbe lagen, ich stellte sie reumütig wieder zu den andern. Da stehen sie noch. Warum bringen wir es nicht über's Herz? Und warum tut es uns weh, wenn jemand unsanft mit einem Buche umgeht und es aufschlägt, daß die Bünde ächzen und stöhnen? Wir empfinden es als Tierquälerei.

Es ist schon etwas anderes bei einer Grammophonplatte, noch mehr bei einem unpersönlichen Magnetophonband.

Jene Barbaren, die, wo auch immer, öffentliche Bücherverbrennungen vornehmen, wissen nicht, wie sie damit die Bücher ehrten gleich Märtyrern.

Ich glaube sogar, jene Gestrengen, die es alljährlich fertig bringen »auszumerzen«, haben nicht das rechte Verhältnis zu den Büchern. Sie halten sie wie Sklaven und kündigen ihnen, wie's ihnen gefällt. Sie sind literarisch asozial.

Geben wir es ruhig zu: Wir haben gar nicht alle Bücher gelesen, die wir besitzen. Viele warten noch darauf, manche vergeblich. Aber sie sind da.

Ja, auch jene Bücherfreunde, die mit Recht ihren Verlust durch dumme Gewalt beklagen, sie trauern um ihre fehlende Gegenwart und Nähe.

Wie aber, genügt nicht letzten Endes eine »Robinsonbibliothek«, eine Rucksackbücherei, ein eiserner Bestand, eine Aristokratie nur der allerbesten, wie man sie in romantischer Anwandlung auf die berühmte einsame Insel mitnehmen möchte? Nein, sie genügt auf die Dauer nicht oder nur den Enggeistigen. Welch ein Hochmut, welche Armut, wenn sich einer allein mit Goethes »Faust« begnügen wollte! Ich könnte mir wohl denken, daß er ihn schließlich hassen würde und ins Meer werfen, weil er immer das gleiche sagt, Herrliches gewiß, aber immer mit den gleichen Worten. –

In einer Bibliothek können noch so viele Bücher stehen, es wird nie eine »Masse« sein. Das haben die Bücher vor dem Menschen voraus. Und wenn ich nur gute Bücher in einer Wohnung stehen sehe, dann kommt es mir fast ein bißchen verdächtig vor. Natürlich bin ich auch so ungerecht, einige wenige meiner Bücher besonders zu lieben. Und dennoch: einen geliebten Menschen mögen die herrlichsten, weisesten und tröstlichsten Bücher der Welt niemals zu ersetzen.

ERNST PENZOLDT

JOHANN KASPAR LAVATER

Mir ist kein Lesen nützlicher, als solches kurzer Gedanken. Keines scheint mir reichhaltiger, belehrender, anwendbarer.

›I‹

1. DER MENSCH UND SEIN BUCH

Ich lebe der Meinung, daß Kunst und Dichtung mehr sein sollten als das Lustwäldchen, in dem man Sonn- und Feiertags ein paar Stunden spazieren geht, um gleich darauf, zurückgekehrt in graue Häuser, kein weiteres Verhältnis zu ihm zu haben als die Sehnsucht nach frischer Luft und frei wachsender Schönheit. Ich meine, sie sollten auch mehr sein als die Sonntagskirche, die man nach Herkommen und Erbauungsbedürfnis aufsucht. Nach meiner Meinung sollten sie sein wie ein Garten beim Haus, wie eine Kapelle im eigenen Heim. Sie sollten schmückend immer um uns sein, Licht und Luft für unsere feineren Sinne. OTTO JULIUS BIERBAUM

Wenn man mich in meiner frühen Jugend gefragt hätte, ob ich es vorziehen würde, nur mit Menschen oder nur mit Büchern zu verkehren, hätte ich mich gewiß zugunsten der letzteren ausgesprochen. Später hat sich das mehr und mehr geändert. Nicht als hätte ich soviel bessere Erfahrungen mit Menschen als mit Büchern gemacht – im Gegenteil, rein erfreuliche Bücher kommen mir immer noch weit öfter als rein erfreuliche Menschen in den Weg –, aber die vielen schlechten Erfahrungen mit Menschen haben mein Lebensmark genährt, wie es das edelste Buch nicht vermöchte, und die guten haben mir die Erde zum Garten gemacht. Wogegen kein Buch für mich mehr zu tun vermag, als mich in ein Paradies der hohen Geister zu entrücken, wo mein innerstes Herz nie vergißt, daß ich drin nicht lange bleiben darf, aber auch nicht einmal wünschen kann, daß ich es dürfte. Denn (ich muß es gerade heraus sagen, um verstanden zu werden) mein innerstes Herz liebt die Welt mehr, als den Geist. Wohl bin ich dem Leben mit der Welt nicht so gewachsen, wie ich es möchte, ich versage immer wieder im Umgang mit ihr, ich bleibe ihr immer wieder von dem schuldig, was sie von mir erwartet, und zwar zum Teil deshalb, weil ich dem Geist so verhaftet bin. Verhaftet bin ich ihm gewissermaßen wie mir selber, aber ich liebe ihn nicht eigentlich, ebenso wie ich mich nicht eigentlich liebe. Eigentlich liebe ich nicht den hier, der mich mit seiner Himmelspratze gepackt hat und festhält, sondern sie da drüben, die doch immer wieder zu mir herantritt und mir ein paar Finger reicht, die »Welt«. Beide haben sie Gaben zu verteilen. Er spendet mir sein Manna, die Bücher, sie hat ein Braunbrot für mich bereit, an dessen Rinde ich mir die Zähne ausbeiße und dessen ich nie satt werde, die Menschen. Ei, diese Wirrköpfe und Tunichtgute, wie ich sie liebe! Ich verehre die Bücher – die, die ich wirklich lese – viel zu sehr, als daß ich sie so lieben könnte. Aber an dem verehrungswürdigsten lebenden Menschen bekomme ich immer noch etwas mehr zu lieben als zu verehren, immer noch etwas mehr von dieser Welt, die eben da ist, wie der Geist niemals da sein kann. Wohl steht er über mir und »ist«, aber er ist nicht da. Gewaltig steht er über mir und redet seine erhabenen Sprüche, die Bücher, auf mich nieder; wie herrlich, wie unheimlich! Sie aber, die menschliche Welt, braucht nur ihr stummes Lächeln zu lächeln, und ich kann nicht ohne sie leben. Stumm ist sie, denn all das Gerede der Menschen ergibt doch kein Wort, wie es mir Mal um Mal aus den Büchern entgegentönt; und ich nehme all das Gerede hin, um die Stummheit empfangen zu können, die hindurch dringt, die Stummheit der Kreatur. Aber eben der menschlichen Kreatur! Und das heißt: der gemischten. Die Bücher sind rein, die Menschen sind gemischt, die Bücher sind Geist und Wort, lauterer Geist und geläutertes Wort, die Menschen sind aus Gerede und Stummheit zusammengefügt, und die Stummheit ist nicht die des Tiers, sondern die des Menschen – und siehe, aus der menschlichen Stummheit hinter dem Gerede raunt dir der Geist entgegen, der Geist *als Seele*. Sie, sie ist die Geliebte.

Es gibt eine untrügliche Probe. Denk dich nur in einen Ursprung hinein, wo du allein wärst, ganz allein auf Erden, und du könntest eins von beiden bekommen, Bücher oder Menschen. Wohl höre ich so manchen seine Einsamkeit preisen, aber das bringt er nur fertig, weil es eben doch die Menschen auf der Welt gibt, wenn auch in räumlicher Ferne. Ich habe nichts von Büchern gewußt, als ich dem Schoß meiner Mutter entsprang, und ich will ohne Bücher sterben, eine Menschenhand in der meinen. Jetzt freilich schließe ich zuweilen die Tür meiner Stube und ergebe mich einem Buch, aber nur, weil ich die Tür wieder öffnen kann und ein Mensch blickt zu mir auf.

MARTIN BUBER

Das Buch ist ja keine Drehorgel, womit uns der Invalide unter dem Fenster die Ohren zermartert. Ein Buch ist sogar noch zurückhaltender als das doch immerhin mit einer gewissen offenen Begehrlichkeit von der Wand herabschauende Bildnis. Ein Buch, wenn es so zugeklappt daliegt, ist ein gebundenes, schlafendes, harmloses Tierchen, welches keinem was zu leide tut. Wer es nicht aufweckt, den gähnt es nicht an; wer ihm die Nase nicht gerade zwischen die Kiefer steckt, den beißt's auch nicht.

WILHELM BUSCH

Kaum bedarf es der Versicherung, daß ich nicht ein Zehntel des Gelesenen wirklich verstand, so schnell es auch ins Gedächtnis überging; doch wird kein Wissender bedauern, daß Jugend zuerst ergriffen und geformt wird vom Klang und Rhythmus der Gedichte, deren Sinn sie erst viel später durchdringt.

HANS CAROSSA

VORWORT ZUM NEUEN TESTAMENT

Ich möchte, daß der einfache und reine Christus tief dem Geist der Menschheit eingeprägt würde, und das, glaube ich, ist auf diesem Wege am besten zu erreichen, daß wir, gestützt auf unsere Kenntnis der Grundsprachen, an den Quellen selbst philosophieren.

ERASMUS VON ROTTERDAM

So oder so

Die handeln und die dichten,
Das ist der Lebenslauf,
Der eine macht Geschichten,
Der andre schreibt sie auf.

Und der will beide richten;
So schreibt und treibt sichs fort,
Der Herr wird alles schlichten,
Verloren ist kein Wort.

JOSEPH FREIHERR VON EICHENDORFF

Das Leben streut überall Aufgaben und für den Aufmerksamen (in Symbolen) Grundsätze aus. Ein Gleiches leisten vortreffliche Bücher und erfahrene Menschen. Wir müssen überall hinhorchen, woher Beruhigung und Kräftigung zu gewärtigen ist.

ERNST VON FEUCHTERSLEBEN

Aus den Stellen, die jemand in Büchern anstreicht, kann man auf sein Bedürfnis oder auf sein Steckenpferd schließen.

ERNST VON FEUCHTERSLEBEN

Je mehr sich unsere Bekanntschaft mit guten Büchern vergrößert, desto geringer wird der Kreis von Menschen, an deren Umgang wir Geschmack finden.

LUDWIG FEUERBACH

Die Wissenschaft ist wie ein großes Feuer, das in einem Volke unablässig unterhalten werden muß, weil ihm Stahl und Stein unbekannt sind. Der Gelehrte gehört zu denen, welche die Pflicht haben, immer neue Scheite in das große Feuer zu werfen. Andere haben die Aufgabe, die heilige Flamme durch das Land, in Dörfer und Hütten zu tragen. Jeder, der an der Verbreitung des Lichtes arbeitet, hat sein Recht, und keiner soll von dem anderen gering denken.

GUSTAV FREYTAG

Wir schöpfen den Schaum von dem großen Strom der Menschheit mit unseren Kielen und bilden uns ein, wenigstens schwimmende Inseln gefangen zu haben.

JOHANN WOLFGANG VON GOETHE

Es geht uns mit Büchern wie mit neuen Bekanntschaften, die erste Zeit sind wir hochvergnügt, wenn wir im allgemeinen Übereinstimmung finden, wenn wir uns an irgendeiner Hauptseite unserer Existenz freundlich berührt fühlen; bei näherer Bekanntschaft treten alsdann erst die Differenzen hervor, und da ist dann die Hauptsache eines vernünftigen Betragens, daß man nicht, wie etwa in der Jugend geschieht, sogleich zurückschaudere, sondern daß man gerade das Übereinstimmende recht festhalte und sich über die Differenz vollkommen aufkläre, ohne sich deshalb vereinigen zu wollen.

JOHANN WOLFGANG VON GOETHE

Wem die Welt nicht unmittelbar eröffnet, was sie für ein Verhältnis zu ihm hat, wem sein Herz nicht sagt, was er sich und andern schuldig ist, der wird es wohl schwerlich aus Büchern erfahren, die eigentlich nur geschickt sind, unseren Irrtümern Namen zu geben.

JOHANN WOLFGANG VON GOETHE

Jedes gute Buch, und besonders die der Alten, versteht und genießt niemand, als wer es supplieren *(ergänzen)* kann. Wer etwas weiß, findet unendlich mehr in ihnen als derjenige, der erst lernen will.

JOHANN WOLFGANG VON GOETHE

Dicke Bücher, vieles Wissen,
Huh, was werd ich lernen müssen.
Will's nicht in den Kopf mir gehen,
Mag es nur im Buche stehen.

JOHANN WOLFGANG VON GOETHE

Ein Buch kann so ärgerlich nicht sein, so wird ein christlicher Mensch etwas Gutes daraus lernen können.

HANS JAKOB CHRISTOFFEL VON GRIMMELSHAUSEN

Gedruckte Bücher sind wie geborene Kinder: man sage über sie Böses oder Gutes, sie sind einmal da!

JOHANN GOTTFRIED VON HERDER

Wer keine Bücher liest, ist ein armseliger Ignorant, dessen Unterhaltung, wenn sie überhaupt so genannt werden kann, weiter nichts ist als ein bedeutungsloses Geschwätz über seine Person, Geschäfte, kleine Leiden und seine Bekannten.

FRIEDRICH WILHELM HERSCHEL

Ein gutes Buch ist mir ein wahrer Schatz.
In Nöten dient es als Versatz.

JOHANN CHRISTOPH FRIEDRICH HAUG

Laß unsern Sohn Augen und Ohren aufsperren, damit er sich selbst ein gesundes Urteil schafft, eh ihm die Bücher und die Bücherschreiber einreden, daß schwarz weiß und zweimal zwei fünf sei.

GEORG HERWEGH

Das in Büchern niedergelegte Denken und Wesen der Autoren aller Zeit ist nichts Totes, sondern eine lebendige, durchaus organische Welt.

HERMANN HESSE

Es gibt einen gewissen Lesegeiz, alles was man liest, in seinen Nutzen zu verwandeln, einen Lesevielfraß, alles zu verschlingen, und da eröffnen sich oft Kopfdrücken und Verschleimungen. Sich in einem Buch betrinken, heißt darüber Sehen und Hören vergessen und es so vorzüglich finden, daß nichts darüber ist.

THEODOR GOTTLIEB VON HIPPEL

Da manche bittere Wahrheiten mündlich ohne Versüßungen gar nicht zu sagen sind, die oft ihre Wirkungen aufheben, so übernehmen das tote Buch die freie Sprache und richten kühn die Welt und mit ihr Einen, der sie wieder richtet.

JEAN PAUL

Das Buch, die tote Person, hat vor der lebendigen große Vorzüge voraus.

RUDOLF VON IHERING

Wie kommt es doch, daß Tausende und aber Tausende, die ihre Dichter verehren und lieben, so völlig blind gegen das Gewand sind, in dem sie ihnen begegnen, blind gegen alle Form im und am Buche, gegen den Einband, die Buchstaben, den

 Satz, das Papier, oft genug sogar gleichgültig gegen die gewöhnlichsten Ansprüche der Ordnung und Sauberkeit?

PETER JESSEN

Streitschriften können nur im Falle der Notwehr gewechselt werden.

FRIEDRICH GOTTLIEB KLOPSTOCK

Buch und Leben gehören zusammen; zusammen erst ergeben sie das große Eine, wie Auge und Landschaft das Bild ergeben. Das Leben hat kein Jetzt und kein Hier. Es ist ewig und überall. Aber im Buch ist es ansprechbar, läßt sich bannen ins Jetzt und ins Hier und läßt sich befragen.

PHILIPP KRÄMER

Das Buch ist ein Berg mit einem verborgenen Schatz. Es gibt kein zauberhaftes »Sesam, öffne dich!« für diesen Berg. Den Schlüssel zur Schatzkammer des Buches findet man nur im eigenen Herzen. Hier liegt die schmerzliche Grenze, die das Vordringen in viele Bücher sperrt. Die Versuche, mit fremder Hilfe diese Grenze zu überschreiten, werden mit geistiger Verirrung bestraft. Dies ist das Schicksal der sogenannten Bildungsschicht, die ohne eigene Findekraft sich der fremden Hilfe bediente und sich dabei derjenigen Hilfe hingab, die am mächtigsten war, und ohne sie und sich zu fragen, wohin der Weg denn gehe.

PHILIPP KRÄMER

Ich will es nicht vergessen, daß der vollkommenste Leser auch zugleich der gutherzigste ist. Was er selbst hinzudenkt, macht ihn wärmer, als was er lieset: Und doch hat er die Gefälligkeit, seine ganze Empfindung dem Buche zu danken.

GOTTHOLD EPHRAIM LESSING

Man lieset nichts begieriger, als was man nur nächst wenigen lesen zu können glaubt. Ein Manuskript ist ein Wort ins Ohr; ein gedrucktes Buch ist eine Jedermannssage: und es ist in der Natur, daß das Wort ins Ohr mehr Aufmerksamkeit macht als die Jedermannssage.

GOTTHOLD EPHRAIM LESSING

Es hatte die Wirkung, die gemeiniglich gute Bücher haben. Es machte die Einfältigen einfältiger, die Klugen klüger, und die übrigen Tausende blieben ungeändert.

GEORG CHRISTOPH LICHTENBERG

Ohne Bücher würde ich bald verrückt werden oder eingehen.

HONORÉ GRAF VON MIRABEAU

Ein etwas vorschnippischer Philosoph, ich glaube Hamlet, Prinz von Dänemark, hat gesagt: Es gebe eine Menge Dinge im Himmel und auf der Erde, wovon nichts in unseren Compendiis steht. Hat der einfältige Mensch, der bekanntlich nicht recht bei Trost war, damit auf unsere Compendia der Physik gestichelt, so kann man ihm getrost antworten: Gut, aber dafür stehn auch wieder eine Menge von Dingen in unseren Compendiis, wovon weder im Himmel noch auf Erden etwas vorkömmt.

GEORG CHRISTOPH LICHTENBERG

Es ist das Interessante an Büchern, über denen man eigentlich den Verstand verlieren müßte, daß man durch sie vielmehr an Verstand gewinnt.

CHRISTIAN MORGENSTERN

Du ziehst ... nicht mehr aus dem Sumpf der Schrift, als dich selbst: Der Kerl, den du wachrüttelst und dem du dann Beine machst und der dich dann schließlich anfällt, bist du selbst; das Feuer, das dir, wie du meinst, aus der Schrift entgegenschlägt, ist dein eigener Atem; die Glut, die du nicht hineinbläst, weht auch nicht heraus; der Geist, der dich ergreift, ist kein anderer, als der eigene, und nur weil du begreifst, bist du ein Ergriffener ...

OTTO NICKEL

Bücher sind die weisesten Greise, Bücher sind die tapfersten Männer, Bücher sind die mütterlichsten Frauen, Bücher sind die lieblichsten und zärtlichsten Mädchen. Wer sieben gute Bücher hat, braucht keinen Menschen mehr!

BÖRRIES FREIHERR VON MÜNCHHAUSEN

Ehrliche Bücher machen den Leser ehrlich, wenigstens indem sie seinen Haß und Widerwillen herauslocken, welchen die verschmitzte Klugheit sonst am besten zu verstecken weiß. Gegen ein Buch aber läßt man sich gehen, wenn man sich auch noch so sehr gegen Menschen zurückhält.

FRIEDRICH NIETZSCHE

Es wäre wohl der Mühe wert, Sammlungen von zurückgewiesenen Verlagsanerbietungen, Kataloge also der nicht gedruckten, sondern nur verfaßten Schriften als einen Beitrag der inneren Geschichte unserer Zeit für die kommenden Geschlechter aufzubewahren.

FRIEDRICH CHRISTOPH PERTHES

Viel löblicher ein Buch zu lesen, denn Fest und lautes Gassenwesen.

PÜTERICH VON REICHARTSHAUSEN

Die Werke sind die Quintessenz eines Geistes: sie werden daher, auch wenn es der größte ist, stets ungleich gehaltreicher sein als sein Umgang, auch diesen im wesentlichen ersetzen, – ja, ihn weit übertreffen und hinter sich lassen. Sogar die Schriften eines mittelmäßigen Kopfes können belehrend, ja lesenswert und unterhaltend sein, eben weil sie seine Quintessenz sind, das Resultat, die Frucht alles seines Denkens und Studierens,– während sein Umgang uns nicht genügen kann. Daher kann man Bücher von Leuten lesen, an deren Umgang man kein Genügen finden würde, und deshalb bringt hohe Geisteskultur uns wieder dahin, fast nur noch an Büchern, nicht mehr an Menschen Unterhaltung zu finden.

ARTHUR SCHOPENHAUER

Nullus est liber tam malus, quin aliqua parte prosit.
Kein Buch ist so schlecht, daß es nicht auf irgend eine Weise nütze.

GAIUS PLINIUS SECUNDUS D. AE.

Sogar mittelmäßige Bücher und Menschen sind einem Denker von Nutzen. Es sind Anlässe zum Denken.

MARIE JEAN HÉRAULT DE SÉCHELLES

Der ewige Leser

Maschinen stampfen stöhnend Tag und Nacht,
Verzehren weiter Wälder grüne Tracht.
Es stürmen um die müde Erde Funken,
Des Schweigens Segen scheint im Lärm versunken.

Wenn Schrift und Druck auch Schutt zu Bergen häuft
Und Teufelsfluch mit Blitzesschnelle läuft,
Der Lärm ist nur dem Tage zugemessen,
Und aller Unwert stirbt durch das Vergessen.

Du, ewiger Leser, findest Stille
In des Gehäuses warm umhegtem Raum.
Du suchst in Schrift und Buch der Dauer Fülle,

Hältst geisterfüllt die Gier des Tiers im Zaum.
Es bannt Dämonenspuk dein starker Wille,
Und du berührst der Ewigkeiten Saum.

FRIEDRICH OLDENBOURG

Wer viele Bücher hat und keines recht gelesen,
Ist wie ein Geiziger mit seinem Schatz gewesen.

FRIEDRICH RÜCKERT

Man kann keine große Seele oder keinen einigermaßen scharfen Verstand ohne einige Leidenschaft für das Schrifttum haben.

LUC CLAPIERS MARQUIS DE VAUVENARGUES

Das Buch ist eine Theodizee des Menschentums.

OTTO STOESSL

Die Bücher entzünden uns, wenn das Glück uns lacht, sie trösten uns, wenn das Ungemach uns zu quälen scheint.

KARL JULIUS WEBER

2. DAS WUNDER DES BUCHES

Jedes Buch ist eine Auseinandersetzung mit *dem* Buch. Dies Buch *(die Bibel)*, dieser in 1800 Jahren gewachsene Baum, ist das seltsamste Erzeugnis der Geistesgeschichte, dessen Werden und Wachsen sich rational nicht erklären läßt.

WILHELM BECKER

Kaum einer aber, der liest, hört noch, was er liest, und wenige nur, die schreiben, fühlen, daß es eine Sprache ist, die sie handhaben, eine Sache der sinnvollen Laute, eine Sache des Worts, des Anfangs, der das »Werde« sprach; nicht eine Schrift: eine Reihe von Zeichen, ein Gedankliches, Vermittelndes, ein Unklingendes, Lautunsinnliches, Lautgelöstes, das ohne Sang und Klang gelesen und aufgenommen werden kann.

RUDOLF G. BINDING

Bücher, ihr seid goldene Behälter, gefüllt mit Manna; Felsen, aus denen Honig sprudelt; Euter, strotzend von der Milch des Lebens, unerschöpfliche Vorratskammern; der viergeteilte Strom des Paradieses, der die menschliche Seele labt und den durstigen Geist netzt und tränkt; fruchtbeladene Oliven, Weine von Engaddi, Feigenbäume, die keine Mißernte kennen; brennende Lampen, immer in den Händen zu tragen.

RICHARD DE BURY

Keine zauberwirkende Rune ist wunderbarer als ein Buch. Alles, was die Menschheit getan, gedacht, erlangt hat oder gewesen ist: es liegt wie in zauberartiger Erhaltung in den Blättern der Bücher aufbewahrt. Sie sind das auserlesene Besitztum der Menschen. Üben Bücher nicht noch immer Wunder, wie die Sage sie von Runen tun läßt? Sie bereden Menschen.

THOMAS CARLYLE

Wer sich also bewußt ist, brünstig nach Wahrheit zu suchen, Glück, Weisheit, Kenntnissen, ja selbst nach dem Glauben zu verlangen, der kann nicht anders als ein Freund und Verehrer der Bücher sein.

RICHARD DE BURY

In den Büchern sehe ich die Toten wie lebendig; aus den Büchern sehe ich die Zukunft; in den Büchern ordnen sich die Dinge des Krieges; aus den Büchern kommen die Gesetze des Friedens.

RICHARD DE BURY

Das Reich der Dichtung ist das Reich der Wahrheit:
Schließt auf das Heiligtum! Es werde Licht!

ADALBERT VON CHAMISSO

Lesen ist ein großes Wunder. Was hast du vor dir, wenn du ein Buch aufschlägst? Kleine, schwarze Zeichen auf hellem Grunde. Du siehst sie an und sie verwandeln sich in klingende Worte, die erzählen, schildern, belehren. In die Tiefen der Wissenschaft führen sie dich ein, enthüllen dir die Geheimnisse der Menschenseele, erwecken dein Mitgefühl, deine Entrüstung, deinen Haß, deine Begeisterung. Sie vermögen dich in Märchenländer zu zaubern, Landschaften von wunderbarer Schönheit vor dir entstehen zu lassen, dich in die sengende Wüstenluft zu versetzen, in den starren Frost der Eisregionen.
Das Werden und Vergehen der Welten, vermögen sie dich kennen, die Unermeßlichkeit des Alls dich ahnen zu lassen. Sie können dir Glauben und Mut und Hoffnung rauben, verstehen deine gemeinsten Leidenschaften zu wecken, deine niedrigsten Triebe als die vor allen berechtigten zu feiern. Sie können auch die gegenteiligen, die höchsten und edelsten Gedanken und Gefühle in dir zur Entfaltung bringen, dich zu großen Taten begeistern, die feinsten, dir selbst kaum bewußten Regungen deiner Seele in kraftvolles Schwingen versetzen.
Was können sie nicht, die kleinen, schwarzen Zeichen, derer nur eine so geringe Anzahl ist, daß jeder einzelne von ihnen alle Augenblicke wieder erscheinen muß, wenn ein Ganzes gebildet werden soll, und sich selbst nie, sondern nur seine Stellung zu der seiner Kameraden verändert. Und hinter diese rätselhafte Eigenschaft, die ihnen anhaftet, zu kommen, uns den Weg zu ihren Geheimnissen zu eröffnen, wird einem Kind zugemutet und ein Kind vermag's – wenn das nicht ein Wunder ist.

MARIE VON EBNER-ESCHENBACH

Ich habe Hölderlins Gedichte so oft gelesen, daß man annehmen sollte, ich müßte sie alle auswendig wissen. Ich weiß keines auswendig. Es ging mir mit ihm, wie es mir mit allem ging, das mich besonders tief bewegte: Es fiel wie in einen tiefen Brunnen, wo es nun ruhte. Es ist irgendwie Eins mit mir geworden.

PAUL ERNST

Die Bücher sind einsame Kapellen, die der Mensch in den wildromantischen Gegenden des Lebens auf den höchsten und schönsten Standpunkten errichtet, und auf seinen Wanderungen nicht bloß der Aussicht wegen, sondern hauptsächlich deswegen besucht, um sich in ihnen von den Zerstreuungen des Lebens zu sammeln und seine Gedanken auf ein anderes Sein, als das nur sinnliche, zu richten.

LUDWIG FEUERBACH

Das Werk des Schriftstellers aber ist in sich selber ein Werk für die Ewigkeit. Mögen künftige Zeitalter einen höheren Schwung nehmen in der Wissenschaft, die er in seinem Werke niedergelegt hat, er hat nicht nur die Wissenschaft, er hat den ganz bestimmten und vollendeten Charakter eines Zeitalters in Beziehung auf diese Wissenschaft in seinem Werke niedergelegt, und dieser behält sein Interesse, solange es Menschen auf der Welt geben wird. Unabhängig von der Wandelbarkeit, spricht sein Buchstabe in allen Zeitaltern an alle Menschen, welche diesen Buchstaben zu beleben vermögen, und begeistert, erhebt und veredelt bis an das Ende der Tage.

JOHANN GOTTLIEB FICHTE

Ein Buch, das leben will, muß seinen Schutzgeist haben.

FRIEDRICH VON HAGEDORN

Seit Bücher erfunden sind, liegt in ihnen fast alles, was wir Wissen und Bildung nennen. Wenige denken daran, daß ein Buch mehr ist als ein Werk des schaffenden Geistes, das er von sich absendet, wie der Tischler einen bestellten Sessel. Zwar an jedem Menschenwerk bleibt etwas von der Seele des Menschen übrig, der es gefertigt. Das Buch aber schließt zwischen seinen Deckeln in Wahrheit den Geist des Menschen ein. Was ein Mann für andere bedeutet, der beste Teil seines Lebens, bleibt in dieser Form für die nächsten Geschlechter, vielleicht bis in die ferne Zukunft. Sowohl die, welche ein gutes Buch schreiben, als auch solche, deren Leben und Tun im Buche dargestellt wird, sie beharren in der Tat lebendig unter uns. Wir verkehren mit ihnen als mit Freunden und Gegnern, wir bewundern und bekämpfen, wir lieben und verabscheuen sie nicht weniger, als wenn sie leibhaftig unter uns weilten. Der Menschengeist, der zwischen solche Deckel eingeschlossen ist, wird dadurch auf Erden unvergänglich, und deshalb dürfen wir sagen, im Buche dauert das geistige Leben des einzelnen, und nur der Geist, welcher eingebucht wird, hat sichere Dauer auf Erden.

GUSTAV FREYTAG

Die literarische Welt hat das Eigene, daß in ihr nichts zerstört wird, ohne daß etwas Neues daraus entsteht, und zwar schon etwas Neues derselben Art. Es bleibt in ihr dadurch ein ewiges Leben, sie ist immer Greis, Mann, Jüngling und Kind zugleich, und da, wo nicht alles, doch das meiste bei der Zerstörung auch noch erhalten wird, so kommt ihr kein anderer Zustand gleich. Das macht auch, daß alle, die rein darinnen leben, eine Art Seligkeit und Selbstgenügsamkeit genießen, von der man auswärts keinen Begriff hat.

JOHANN WOLFGANG VON GOETHE

Indem der Druck das Eigentümliche und Persönliche der Handschrift vernichtet, tritt er in einen weiteren Kreis und fordert allgemeine Geltung. Daher seine sittliche, fast magische Gewalt, die selbst der Schriftsteller empfindet, wenn er den ersten Bogen seines ersten Werkes erblickt.

WILHELM GRIMM

Und nun ist dem Menschen etwas Wunderbares gelungen – wieder eine der Urformen, in denen er das Chaos bezwingt. Diesmal jenes Chaos, welches »Vergessen« heißt: er vermag in Zeichen, die bleiben, das verhallende Wort festzuhalten. Schon im Lautgebilde des Wortes hat der Geist seinen Leib gefunden. Nun schafft ihm der Mensch gleichsam einen zweiten Leib, der nicht mehr der Welt des Ohres, sondern jener des Auges angehört. Jeder Laut wird zu einer schaubaren Figur, einem Schriftzeichen, das gesprochene Wort wird zum geschriebenen, und die Rede steht jetzt auf den Blättern des Buches.

ROMANO GUARDINI

Das Buch ist eines der größten Weltwunder, es ist ein materielles Gefäß für das Immaterielle, den Geist! Das hat es mit den Menschen gemein.

GERHART HAUPTMANN

Biblios heißt im Griechischen das Buch: es hat göttliche Ehren erlangt, nicht nur in Form der Bibel!

GERHART HAUPTMANN

Von den vielen Welten, die der Mensch nicht von der Natur geschenkt bekam, sondern sich aus eigenem Geiste erschaffen hat, ist die Welt der Bücher die größte.

HERMANN HESSE

Eine seltsamere Ware als Bücher gibt es wohl schwerlich in der Welt. Von Leuten gedruckt, die sie nicht verstehen; von Leuten verkauft, die sie nicht verstehen; gebunden, rezensiert und gelesen von Leuten, die sie nicht verstehen; und nun gar geschrieben von Leuten, die sie nicht verstehen. GEORG CHRISTOPH LICHTENBERG

Bücher sind nicht tote Dinge, sondern tragen eine Kraft des Lebens in sich, ja sie bewahren sogar wie in einer Pistole die reinste Kraft und den Extrakt des lebendigen Geistes auf, der sie gebar. Ich weiß, sie sind so lebensvoll und so kräftig, fruchtreich wie jene fabelhaften Drachenzähne; und wenn sie wieder gesäet, mag es sich wohl ereignen, daß aus ihnen gewappnete Männer entspringen.

JOHN MILTON

Die Kunst des Messens unterwirft dem Menschen die Welt. Durch die Kunst des Schreibens hört seine Erkenntnis auf, so vergänglich zu sein, wie er selbst ist. Beide geben dem Menschen, was die Natur ihm versagt: Allmacht und Ewigkeit.

THEODOR MOMMSEN

Ein Buch ist ein Licht des Herzens, ein Spiegel des Lebens, ein Lehrmeister der Jugend, ein Vertreiber des Lasters, eine Kurve der Klugen, ein köstlicher Hauptschmuck der Weisen, eine Ehre derer, die in Ehren sind, eine Zierde der Gelehrten, ein Gefährte auf der Reise, ein Freund zu Hause, ein Schwatzgeselle, wenn man gleich schweigt, ein Behältnis der Beredsamkeit, ein Garten voller Früchte, eine Wiese von unterschiedlichen Blumen, der Anfang des Verstandes, ein Vorrat des Gedächtnisses, verlangt man es, so kommt es, wird es geheißen, so eilt es, es ist allzeit zugegen, es gehorcht allezeit, frägt man es, so antwortet es alsbald. Es ist das Buch ein aufrichtiger Ratgeber, es schmeichelt nicht, es redet nicht nach der Gunst, es schont niemand, weil es sich vor niemand fürchtet, es begehrt nichts, es wird deiner nicht überdrüssig, ob du gleich seiner überdrüssig würdest, es offenbart heimliche Dinge, dunkle erklärt es, zweifelhafte macht es gewiß, verwirrte löst es auf, wider Unglück beschützt es, es vermehrt das Vermögen, vertreibt die Unlust, es ist ein unerschöpflicher Brunnen, ein fruchtbringender Lustgarten, ein Lehrer, der kein Geld begehrt, ein Paradies, daraus du nicht vertrieben wirst, wenn du es nicht selber wolltest. DANIEL GEORG MORHOF

Im schattigen Grün ein aufgeschlagenes Buch –
Zur Labung Brot und Wein im kühlen Krug –
Du, in der Wildnis, singend mir zur Seite –
O Wildnis! wärst mir Paradies genug!

OMAR KHAJAM

Daß es Bücher gibt, so wertvolle und königliche, daß ganze Gelehrtengeschlechter gut verwendet sind, wenn durch ihre Mühe diese Bücher rein erhalten und verständlich erhalten werden, diesen Glauben immer wieder zu befestigen, ist die Philologie da.

FRIEDRICH NIETZSCHE

Der Leser

Wer kennt ihn, diesen, welcher sein Gesicht
wegsenkte aus dem Sein zu einem zweiten,
das nur das schnelle Wenden voller Seiten
manchmal gewaltsam unterbricht?

Selbst seine Mutter wäre nicht gewiß,
ob er es ist, der da mit seinem Schatten
Getränktes liest. Und wir, die Stunden hatten,
was wissen wir, wieviel ihm hinschwand, bis

er mühsam aufsah: alles auf sich hebend,
was unten in dem Buche sich verhielt,
mit Augen, welche, statt zu nehmen, gebend
anstießen an die fertig-volle Welt:
wie stille Kinder, die allein gespielt,
auf einmal das Vorhandene erfahren;
doch seine Züge, die geordnet waren,
blieben für immer umgestellt.

RAINER MARIA RILKE

Gute Bücher sind wie eine Gesellschaft von Königen und Königinnen, sind wie eine reine Gesellschaft von wahrhaft Auserwählten und Mächtigen der Erde.

JOHN RUSKIN

Wie herrlich, daß aus Zeichen der Schrift die deutsche Sprache, die deutsche Heimat, die deutsche Seele auferstehen kann, wo ein Buch seine Blätter entfaltet.

WILHELM SCHÄFER

Ich lobpreise die Bücher der guten Stilisten, die die Schönheit der deutschen Sprache mit edlen und reinen Lettern in die Unvergänglichkeit eingegraben haben. Man soll sie immer wieder lesen und sich daran erfrischen und erquicken, wenn die Seele vom Staub und Lärm des Tages verworren und ausgebrannt ist. Sie erheben; das ist das Schönste und Gültigste, was man von einem Buche erwarten kann.

ANTON SCHNACK

Alles Geschehen schreibt sich ein in die Tafeln der Erde: die Jahresringe in den Baum, Welle und Wind in die Dünengestaltung, das Leben früherer Erdzeitalter in die Versteinerungen. Die tiefsten Spuren aber gräbt das Leben mit den unsichtbaren Geschicken seiner Seele in die sich durch Jahrhunderte wandelnde Sprache: Spuren in flüchtigsten Stoff, den Laut. Doch sie bleiben, dauernder geworden als Erz, im immer sich erneuernden Buch.

WILHELM VON SCHOLZ

Buch – dieses Zusammengebundensein so zarter, so leicht zerreißbarer und gefährdeter Blätter, auf denen die Gedanken dennoch durch die Jahrhunderte wandern!

WILHELM VON SCHOLZ

Die Welt der Worte enthält alles, was das Verworrene deutlich, das Chaos zum Kosmos macht, alles, was der Mensch sich selber und anderen mitteilen, alles, worin er seine eigene, göttliche Schöpferkraft erweisen kann, alle Erkenntnis und alle Offenbarung, alles Wissen und alle Eingebung, alle Geschichte und alle Weissagung, alle Wahrheit und allen Irrtum. Wahrheit, die sich zum Irrtum, und Irrtum, der sich wieder zur Wahrheit wandelt. Wir haben unsere Zeit nicht anders als im Wort.

RUDOLF ALEXANDER SCHRÖDER

Darf's als ein Wunder nicht erscheinen?
Unscheinbar aus Papier und Leinen
Verdeckst du's mit der Hand, der kleinen –
Und macht doch Tausende lachen und weinen.

HEINRICH SEIDEL

Die Bücher sind eine unversiegbare Quelle der feinsten Genüsse, sie sind es, die uns die Seele stark machen und die ihr nötige Fähigkeit verleihen, das Genie zu erkennen und anzubeten. Dann weitet sich die Welt, alle Schranken fallen, die Seele wird frei und sie erfaßt und liebt immer mehr.

HENRI STENDHAL-BEYLE

Nirgends habe ich Ruhe gefunden, denn in Büschen und Büchern.

THOMAS A KEMPIS

Es ist mit den Büchern wie mit dem Feuer in unserem Herde, wir holen dieses Feuer von unserem Nachbarn, wir erhalten es zu Hause brennend, wir teilen es anderen mit, und es gehört uns allen.

F. M. AROUET DE VOLTAIRE

Wahrhaftig diese Liebe zu den Büchern beherrscht mich so mächtig, daß ich, alle irdischen Güter verachtend, für nichts sonst empfand als für die Leidenschaft, Bücher zu erwerben.

KARL JULIUS WEBER

Das Buch

All unsrer Irdischheit
ein tief Gefäß;
hoch über Raum und Zeit
Gott Geist gemäß.

Des Größten, das uns ward,
der Sprache Schrein.
Darinnen aufbewahrt
ihr Sinn und Sein.

Prophetendunkler Mund
und Siegel alt,
den Normen Ankergrund,
dem Recht Gestalt.

Schicksal zu leiden, da;
selbst schicksalhaft.
Bewahrend, was geschah,
mit stiller Kraft.

Und so wie selber wir
in Glück und Schmerz,
bewohnt von Reu und Gier
und Haß und Herz;

mit Hoffnung anzusehn,
und auch zuletzt
leisem Verlorengehn
stumm ausgesetzt.

Geformt von uns, hindann
uns formend auch.
Geschaffnes ist daran
und Schöpferhauch,

und Gnade, da du bist,
uns zu erhöhn.
Und dieses Wissen ist
erschütternd schön.

JOSEF WEINHEBER

3. SCHICKSAL BUCH

Ich war in meiner Jugend arm und immer in Not; aber ich fand keinen Rater und Helfer. Ich glühte; und es war kalt in der Welt. Ich war voll großer Fragen; aber niemand antwortete. Da ging ich zu den Büchern ...

GUSTAV FRENSSEN

Alle Bücher, die geschrieben wurden, vom ältesten bis zum jüngsten, stehen in einem geheimnisvollen Zusammenhang. Denn keiner, der ein Buch geschrieben, ist durch sich selbst geworden, was er uns ist. Jeder steht auf den Schultern seiner Vorgänger. Alles, was vor ihm geschaffen wurde, hat irgendwie dazu geholfen, ihm Geist und Leben zu bilden; und wieder, was er geschaffen, hat irgendwie andere Menschen gebildet, aus deren Geist ist es in spätere übergegangen. So bildet der

Inhalt aller Bücher ein großes Geisterreich auf Erden. Von den vergangenen Seelen leben und nähren sich alle, welche jetzt schaffen.

In diesem Sinne ist der Geist des Menschengeschlechts eine unermeßliche Einheit, der jeder einzelne angehört, der einst lebte und schuf, und jetzt atmet und Neues wirkt. Der Geist, den die vergangenen Menschen als ihren eigenen empfinden, er ging und geht jeden Tag in andere über. Was heute geschrieben ist, wird morgen vielleicht die Habe von tausend Fremden, wer längst seinen Leib der Natur zurückgegeben hat, lebt unaufhörlich in neuem irdischen Dasein fort und wird täglich in Tausenden aufs neue lebendig.

GUSTAV FREYTAG

Auch die Bücher haben ihr Erlebtes, das ihnen nicht entzogen werden kann.

JOHANN WOLFGANG VON GOETHE

Die Werke kluger Sinnen
hat nie vertilgen künnen
der Zeiten starke Flucht,
wieviel sie sonst vermucht.

Auf Stahl und Stein zu bauen
darf keiner sicher trauen,
sie nehmen eher Bruch
als ein gelehrtes Buch.

FRIEDRICH VON LOGAU

Das gute Buch macht stärker und dauernder als viele Armeen Geschichte, das Buch hat geholfen, das Bild der Erde zu verändern. Herrscher, Feldherren, Richtungen und Regierungen stürzen; die gute Dichtung bleibt.

WALTER VON MOLO

Das Buch ist Schicksal, über uns verhängt, ob wir es nun segnen oder ob wir ihm fluchen. Im Buch sind alle Fäden des Lebens zum Knoten geknüpft.

JOSEF NADLER

Im Laden des Buchhändlers geben zwei Dämonen einander ein Stelldichein, der Dämon des Schreibens und der Dämon des Lesens.

JOSEF NADLER

Geschicke haben ihre Bücher, deshalb haben Bücher ihre Geschicke.

OTTO STOESSL

Bücher haben auch ihr Glücke: wann sie nicht gesalzen sein,
Faßt man dennoch gute Würze, Pfeffer oder Safran drein;
Kümmt es dir, ich bin zufrieden, liebes Buch, nur auch so gut,
Wann mit dir nur in geheime niemand was verschämtes tut.

FRIEDRICH VON LOGAU

Duplex libelli dos est quod risum movet
et quod prudenti vitam consilio movet.

Doppelt die Gabe des Buches:
Lachen erregen, Leben bewegen.

PHAEDRUS

Der erste schreibt es,
Der zweite vertreibt es,
Der dritte ersteht es,
Der vierte verschmäht es,
Den fünften entflammt es,
Der sechste verdammt es,
Der siebente schätzt es,
Der achte versetzt es,
Der neunte verpumpt es,
Der zehnte zerlumpt es,
Der elfte vergräbt es,
Der zwölfte verklebt es
Zu Düten, denn im Krämerladen,
Da kommen sie schließlich alle zu Schaden.

HEINRICH SEIDEL

Aliud legent pueri, aliud viri, aliud senes.
Anderes lesen sich Knaben, anderes Männer, anderes Greise heraus.

TERENTIUS MAURUS

Die Bücher sind für uns Abendländer, was den Morgenländern das Opium oder den wiederkäuenden Tieren der dritte Magen.

KARL JULIUS WEBER

Bücher regieren die Welt, die Tinte ist das fünfte Element und die Presse die Artillerie der Gedanken.

KARL JULIUS WEBER

Die ganze Welt, allein die Wilden ausgenommen, wird durch Bücher beherrscht. Ganz Afrika bis zur äthiopischen Wüste und bis zum Niger gehorcht dem Koran, nachdem es sich früher dem Evangelium gebeugt hatte. China wird von den Moralschriften des Konfuzius und ein großer Teil Indiens durch die Veden regiert. Jahrhundertelang galten in Persien die Bücher des Zoroaster.

F. M. AROUET DE VOLTAIRE

Ward ein Buch zu Dasein, Welt.
Und zuletzt, auf seiner letzten Seite,
schwindet die erfüllte Weite
in die Deckel, die die Hand noch hält,
endet es, wie Leben endet,
fern von Segen, fern von Fluch –
Blatt um Blatt zurückgewendet
ist es wieder Buch.

WILHELM VON SCHOLZ

Die berühmtesten Bücher ihrer Zeit werden kaum nach hundert Jahren mehr gelesen, höchstens Bücherwürmer fahnden danach.

KARL JULIUS WEBER

4. BROT DES GEISTES

Ihr Epikuräer, die ihr im Wappen einen Wampen führet und nurmehr den Leib, diesen garstigen Gast, sucht wohl zu trachieren, müßt wissen, daß auch die edle Seel gleichwohl und zwar forderest mit einer Nahrung muß versehen seyn. Ihr Speiß aber sucht sie nicht unter den Fressern sondern unter den Pressern; ihre Bissel erwartet sie nicht von der Kocherey sondern von der Druckerey. Ein gutes Büchel ist der Seel ein Küchel! Darum noch recht soll Joannes Guttenberger ein Urheber dieser Kunst gewest seyn, dann sie ja nichts als alles Gute der Seelen vortragt und vorlegt.

ABRAHAM A SANTA CLARA

Ein gutes Büchel
ist der Seel' ein Küchel,
womit sie sich ernährt.

ABRAHAM A SANTA CLARA

Ein anregendes Buch – eine den Appetit reizende Speise.

MARIE VON EBNER-ESCHENBACH

»Warum magst du gewisse Schriften nicht lesen?«
Das ist auch sonst meine Speise gewesen;
Eilt aber die Raupe sich einzuspinnen,
Nicht kann sie mehr Blättern Geschmack abgewinnen.

JOHANN WOLFGANG VON GOETHE

Bücher sind keine Narkotika, Bücher sind keine Stimulantien, Bücher sind Nahrung, und wer glaubt, von Stimulantien und Narkotika leben zu können, wird an ihnen sterben.

JOSEF HOFMILLER

Lehrerwort, Buchweisheit, Lebenserfahrung
Bilden das Trivium geistiger Nahrung.

KARL STEINER

5. BÜCHER SIND FREUNDE

Das Buch ist der bequemste Freund. Man kann sich mit ihm unterhalten, so lange und so oft man will, man ist ganz ein Empfangender, kann in jeder Stimmung die rechte Kost wählen und ist nie enttäuscht. Unzählige Menschen, vor allem Männer, haben ihre höchsten Erlebnisse, ihre glücklichsten Stunden im Verkehr mit Büchern gefunden.

ANGELUS SILESIUS

Die wichtigsten Bücher für einen gebildeten Deutschen sind die, die seine Welt, ihn selbst, sein Menschentum, ja sein Gewissen – bald hier, bald da– bestimmen und erfüllen; die ihm den Umfang und den Inhalt seiner Welt und seines Selbst bestätigen und befestigen; die ihn angehen und ihm zugleich jenes ganz bestimmte und wahrhafte Eigengewicht des Gebildeten verschaffen mögen.

RUDOLF G. BINDING

Jedes Buch hat dir etwas zu sagen. Jedes eine Botschaft an dich. Jedes hat dir Kräfte zu spenden. Keines ist um seiner selbst willen da. Jedes ist um deinetwillen geschrieben: um dir einen Weg zu zeigen, – den Weg zu dir selbst. Das tun selbst solche Bücher, ja gerade solche Bücher, die jede Faser in dir zum Widerspruch aufpeitschen.

CARL CHRISTIAN BRY

Des Menschen bester Freund, ganz ohne allen Trug
und ohne Schmeicheleien, ist nur ein gutes Buch.

IGNAZ FRANZ CASTELLI

Die Bücher sind die besten Freunde des unterrichteten und tätigen Mannes. Seine Bibliothek ist ihm ein Ort des Genusses, des Selbstvergessens und der Betrachtung, kurz: das Heiligtum seiner Gedanken.

MARCUS TULLIUS CICERO

Ich hatte mit einem Male mein ganzes Vermögen verloren; doch ich war deshalb so wenig niedergeschlagen, daß ich nur um so aufgeweckter und feuriger zu meinen Büchern zurückkehrte.

ERASMUS VON ROTTERDAM

Wer Bücher hat und den Verstand besitzt, sie zu lesen, kann doch nie ganz unglücklich sein; hat er doch die beste Gesellschaft, die es auf Erden gibt.

PAUL ERNST

Heilig Büchlein bist du mir:
Treu Geleit du meines Lebens,
Zauberspiegel meines Strebens,
Stiller Freund, ich danke dir!

ERNST VON FEUCHTERSLEBEN

Es geht uns mit den Büchern wie mit den Menschen. Wir machen zwar viele Bekanntschaften, aber wenige erwählen wir zu unseren Freunden, unseren vertrauten Lebensgefährten.

LUDWIG FEUERBACH

Ich habe Ruhe gesucht überall und habe sie am Ende gefunden in einem engen Winkel bei einem kleinen Buche.

FRANZ VON SALES

Der Verkehr mit den großen Geistern der Vergangenheit durch ihre Bücher ist einer der edelsten Genüsse. Wir leben mit ihnen wie mit Freunden, wir bewundern und lieben sie, als wenn sie leibhaftig unter uns weilten.

GUSTAV FREYTAG

Liebe zum Buch hat jener, der abends in seinem Zimmer sitzt, und es ist still geworden – vorausgesetzt freilich, daß es um ihn, den Glücklichen, dann wirklich still wird –, und auf einmal sind ihm die Bücher im Zimmer wie lebendige Wesen. In seltsamer Weise lebendig. Kleine Dinge, und doch erfüllt von Welt. Ohne Regung und Laut dastehend, und doch bereit, jeden Augenblick die Seiten zu öffnen und ein Zwiegespräch zu beginnen: stark oder zart, voll Freude oder Trauer, von Vergangenheit erzählend, in die Zukunft weisend oder Ewigkeit rufend und um so weniger zu erschöpfen, je mehr der zu schöpfen vermag, der zu ihnen kommt.

ROMANO GUARDINI

Was ein Brunn am eignen Haus,
ist ein gutes Buch im Schrein –
lang recht oft hinein,
schöpfst es doch nicht aus!

HANS GRASBERGER

Bücher sind kein geringer Teil des Glücks. Die Literatur wird meine letzte Leidenschaft sein.

FRIEDRICH DER GROSSE

Den Buchdruck, also das Buch, hat Luther »eine höchste Wohltat Gottes« genannt. Ich sehe den Mönch in seiner Klosterbibliothek, ich sehe den Kranken, dem ein Buch das Krankenzimmer zur Welt weitet, den schmökernden Knaben hinter der Hecke, der lesend zum Erwachsenen wird, den Verbannten, dessen Exil durch die Vertiefung in ein Buch aufgehoben wird, den verurteilten Sünder in der Kerkerzelle, dessen Seele sich durch ein Buch befreit, den Greis, der durch ein Buch seine Jugend wiedergewinnt, und so fort. Somit huldige ich dem Buch als dem nieversagenden Kameraden und Menschenfreund und möchte, daß es mit mir alle Deutschen tun, indem sie sich als eine große Gemeinschaft von Freunden des Buches empfinden und bewähren.

GERHART HAUPTMANN

Ich unterhielt doch immer einen geistigen Umgang mit meinen Büchern, der mir so von Jugend eigen geworden war, daß ich noch jetzt mit den Geistern meiner Bücher umgehe und sie zuweilen als meine Schutzengel und Geleitsmänner ansehe.

THEODOR GOTTLIEB VON HIPPEL

Immer sind Bücher meine Erquickung, wenn ich traurig bin. Elend bin ich, wenn ich sie verachte.

JEAN PAUL

Auf meiner ganzen Lebensbahn begleitet mich das Buch und ist mir allenthalben zu Dienst. Es erheitert mein Alter und meine Einsamkeit; es benimmt mir die Last des langweiligen Müßigganges und befreit mich zu jeder Stunde von verdrießlicher Gesellschaft.

MICHEL DE MONTAIGNE

Das Buch ist wie ein Kamerad, der immer da ist, der geduldig wartet, bis ich in Stimmung bin, der immer wieder bescheiden zurücktritt und harrt, bis ich mich erschließe und wieder aufnahmefähig bin; er ist geduldig, er ist immer, unabhängig von aller Maschinerie, da; er hat für den zeitarmen Menschen der Gegenwart immer Zeit. Es gibt keinen besseren Freund, der so selbstlos Körper gewordener Geist ist wie das Buch.

WALTER VON MOLO

Es fiel beim Suchen heut' in meine Hand
Ein Buch, drin oft ich las in trüben Zeiten,
Ein halbverwischter Bleistiftstrich am Rand
Steht hin und her noch auf den schmalen Seiten.

Lang schwand die Schwermut jener Tage fort,
Auch ihre Sehnsucht süß und unermessen. –
Ich weiß die Verse heut' noch Wort für Wort
Und dachte doch, ich hätte sie vergessen.

AGNES MIEGEL

Bücher sind bessere Freunde als Menschen, denn sie reden nur, wenn wir wollen, und schweigen, wenn wir anderes vorhaben. Sie geben immer und fordern nie. Sie sind die ewig Geduldigen, die Jahre und Jahrzehnte warten können, ohne daß ihre Gedanken bitter, ihre Gefühle kühl werden. Sie altern nicht, sie sind nicht launisch, sie haben immer Zeit für uns, wenn wir zu ihnen kommen.

BÖRRIES FREIHERR VON MÜNCHHAUSEN

Die Bücher aber, die dem Einsamen das Gesellige geben, die Trost und Schutz sind, Weisheit und Melodie, sie müßten ja wohl alle in dem heimlichen Schatz des Herzens versammelt werden: die Odyssee und der König Lear, der westöstliche Diwan und der Grüne Heinrich, – nein keine Aufzählung! Wo wäre der Anfang und wo das Ende? Und weder Krämerwaage noch Goldwaage vermögen das Gewicht der einzelnen Werte zu bestimmen. Sie bleiben und verändern sich doch im Jahr des Volkes und im Jahr des Einzelnen.

ANDREAS PETERSEN

Freunde habe ich, deren Gesellschaft mir sehr wert ist. Allen Ländern und Zeiten entstammen sie, mit Ehren hat sie ihre Gelehrsamkeit überhäuft. Dabei ist es leicht, mit ihnen zu verkehren, denn sie stehen mir immer zu Diensten, immer sind sie willfährig, mir Antwort auf die Fragen zu geben, die ich ihnen stelle. Und als

Gegenleistung für alles das, was sie mir bieten, verlangen sie nichts weiter als einigen Raum in irgendeiner Ecke meines bescheidenen Hauses.

FRANCESCO PETRARCA

Es gibt doch keine größere Erquickung für den Geist als die Lektüre der alten Klassiker: sobald man irgendeinen von ihnen in die Hand genommen hat, fühlt man sich gestärkt, nicht anders als hätte man an der frischen Felsenquelle sich gelabt.

ARTHUR SCHOPENHAUER

Ein gutes Buch ist ein Freund, der uns immer zu Gebote steht; nur müssen wir ihn selbst aufsuchen, denn er denkt nicht an uns.

THOMAS WEST

Es ist nicht das Lesen, es ist das Vertrautsein mit dem Geiste des Buches, was uns stärken und heben kann; und wie man viele Bekannte und wenige Freunde hat, so mag es viele Bücher geben, die wir lesen können, und nur wenige, die es wert sind, unsere Vertrauten zu werden.

JOHANN MICHAEL SAILER

Meines Lebens Wunsch ist stiller Friede,
Guter Bücher eine kleine Zahl,
Ein geprüfter Freund mit einem Liede
Und der Sparsamkeit gesundes Mahl.

JOHANN GOTTFRIED SEUME

Bücher sind noch immer die wohlfeilsten Lehr- und Freudenmeister und der wahre Beistand hienieden für Millionen besserer Menschen.

KARL JULIUS WEBER

6. BÜCHER SIND BILDNER UND MAHNER

Lesen gibt einem Menschen Inhalt, Verhandlung, Fertigkeit, Schreiben, Genauigkeit. Und deshalb braucht ein Mensch, der wenig schreibt, ein großes Gedächtnis, der wenig verhandelt, einen fertigen Witz – und der wenig liest, soviel Verstand, daß er inne wird, was ihm fehlt.

FRANCIS BACON VON VERULAM

Durch den Druck guter Bücher wird Gutes gestiftet.

JOHANN AMERBACH

Das Wort Esel, wann es zurückgelesen wird, so heißt es: Lese! Wahr ist es, wann jemand kein unverständiger Esel bleiben will, so muß er die Bücher lesen, sonst wird ihm der Trichter von Nürnberg schlechte Doktorskonzepten mitteilen.

ABRAHAM A SANTA CLARA

Die eigentliche Universität unserer Tage ist eine Büchersammlung.

THOMAS CARLYLE

Was heißt ungebildet, seit wir Bücher haben, seit sie in der Wohnung der gesitteten Welt zum Hausrat gehören?

THOMAS CARLYLE

Bücher sind eigenwillige Geister;
Wer sie vertreibt, ist ein Zaubermeister.
Sein bestes Geschäft wird immer bleiben:
Üble Geister durch gute vertreiben.

RICHARD DEHMEL

Nicht was der Mensch ist, – was er tut und schafft, gibt ihm seine Bedeutung; nicht was ein Buch sagt, – vielmehr, was es aus sich entwickeln läßt, was es anregt.

ERNST VON FEUCHTERSLEBEN

Der eigentliche Genuß an Kunstwerken und Büchern liegt in der Empfindung, einen größeren Geist fassen zu lernen, in der fühlbaren Erweiterung der Seele. Was wir nicht verstehen oder was wir so völlig verstehen, daß wir es selbst hervorbringen könnten, verschafft uns diesen Genuß nicht.

ERNST VON FEUCHTERSLEBEN

Wer lernen will ohne Buch, der schöpft mit einem Sieb Wasser in den Krug.

GEILER VON KEYSERSBERG

Libri muti magistri sunt. Die Bücher sind stumme Lehrmeister.

AULUS GELLIUS

An Zerstreuung läßt es uns die Welt nicht fehlen; wenn ich lese, will ich mich sammeln.

JOHANN WOLFGANG VON GOETHE

Wer hat es nicht erfahren, daß die flüchtige Lesung eines Buches, das ihn unwiderstehlich fortriß, auf sein ganzes Leben den größten Einfluß hatte und schon die Wirkung entschied, zu der Wiederlesen und ernstliches Betrachten kaum in der Folge mehr hinzutun kann.

JOHANN WOLFGANG VON GOETHE

Eigentlich lernen wir nur von Büchern, die wir nicht beurteilen können. Der Verfasser eines Buches, das wir beurteilen können, müßte von uns lernen.

JOHANN WOLFGANG VON GOETHE

Man sollte alle Tage wenigstens ein kleines Lied hören, ein gutes Gedicht lesen, ein treffliches Gemälde sehen und, wenn es möglich zu machen ist, einige vernünftige Worte sprechen.

JOHANN WOLFGANG VON GOETHE

Ein Buch hat oft eine ganze Lebenszeit einen Menschen gebildet oder verdorben.

JOHANN GOTTFRIED VON HERDER

Ein Volk, das ein wahres volkstümliches Bücherwesen besitzt, ist Herr von einem unermeßlichen Schatze.

FRIEDRICH LUDWIG JAHN

Wenn auch Bücher nicht gut oder schlecht machen, besser oder schlechter machen sie doch.

JEAN PAUL

Man lernt immer etwas Neues aus alten Büchern.

FERDINAND KÜRNBERGER

Wie die Honigmacherinnen
Aus viel Blumen saugen können
Ihren süßen Nectarsaft:
So auch unsre Wissenschaft
Wächst durch unversäumtes Lesen
In ein gleichsam Göttlich Wesen.

FRIEDRICH VON LOGAU

In den Büchern hat jeder Arme und Einfältige die Möglichkeit des Umgangs mit den erlauchtesten Geistern seines Volkes, mehr noch: aller Völker, mehr noch: aller Zeiten aller Völker! Die Weisheit der Welt ginge verloren, wenn die Bücher verloren gingen, aber auch alle Schönheit der Welt lebt ihr höheres und geistigeres Leben auf stillen Buchseiten.

BÖRRIES FREIHERR VON MÜNCHHAUSEN

Das dichterische Buch macht übersehender, gerechter, gelassener und richtet dadurch entschlossener auf die wahren Ziele des Lebens. Nur der Gelassene ist Herr seines Schicksals.

WALTER VON MOLO

Bücher begleiten uns durch unser Leben. Sie sind Mittel unserer Menschwerdung, sie vertiefen unser Bewußtsein.

REINHARD PIPER

Zu beneiden jeder, dem es gegeben, sich auf den glatten Straßen der Bücher zu bilden; denn auf den rauhen Wegen des Lebens geht's notig vor sich.

PETER ROSEGGER

Mir dünkt, daß jeder sich reiner, jeder sich größer erscheinen muß, jedesmal, wenn er einen Band von Emerson oder ein Buch von Goethe aufschlägt.

EMILE VERHAEREN

Der Tempelschatz der Weisheit liegt im Buch.

KARL JULIUS WEBER

Sie sind die Lehrmeister ohne Stock und Rute, ohne Schreien, ohne Zorn, ohne Tracht und ohne Geld.

KARL JULIUS WEBER

Eine ausgewählte Büchersammlung ist und bleibt der Brautschatz des Geistes und Gemütes.

KARL JULIUS WEBER

Die Toten hören nicht auf zu lehren, durch die Bücher, die sie geschrieben.

KARL JULIUS WEBER

So wenig ein Gebäude sonder Stein, Holz und Kalk, eben so wenig kann auch die Gelehrsamkeit sonder Bücher ausgeführt und befestigt werden. Die Bücher sind es, die alle Wissenschaften unterstützen, mit deren Untergang auch diese bald sich verlieren würden.

CHRISTOPH WEIGEL

 Auf eine Stunde ermahnt man den Menschen mit Worten, durch ein Buch auf immer.

KONSTANT WURZBACH

Der einzig rechte Gebrauch des Buches ist, daß wir ein Zeugnis unseres Herzens darin suchen.

JULIUS WILHELM ZINCGREF

7. GLÜCK IM BÜCHERBERG

Es genügt manchmal, daß ein Werk geschrieben ist, daß ein entscheidendes Erlebnis in einem Menschen stattgefunden hat, damit es plötzlich wie durch einen Zauber in Vielen lebt und Verwandtes wirkt, auch wenn die meisten vom Buch nur den Titel vielleicht erfahren und vom ersten Erreger nur den Namen.

RICHARD BENZ

Das ist ein Buch! Ich kann es dir nicht sagen,
Wie mich's gepackt hat recht in tiefer Seele;
Wie mir das Herz bei diesem Blatt geschlagen.
Und wie mir jenes zugeschnürt die Kehle.
Wie ich bei dem die Lippen hab' gebissen
Und wieder dann hellauf hab lachen müssen!
Das alles aber ist dir nur gelungen,
Weil du dein Werk am Leben ließest reifen;
Was aus dem Leben frisch hervorgesprungen,
Wird nie das Leben selber auch ergreifen,
Und rechts und links mit Wonnen und mit Schmerzen
Sturmschritts erobern warme Menschenherzen.

FERDINAND FREILIGRATH

Und wenn mir alle Königskronen für meine Bücher und meine Freude an dem Lesen angeboten wären: ich würde sie ausschlagen.

FR. DE FÉNELON

Wie manchen Gelehrten sieht man in Gesellschaften vor Langeweile erblassen und, wenn er solche verläßt, gleich einem befreiten Sklaven seinen Büchern zufliegen.

JUSTUS MÖSER

Ich habe in meinem Leben keinen Kummer gehabt, den nicht eine Stunde der Lektüre weggeblasen hätte.

CHARLES DE MONTESQUIEU

Auf dem Boden, zwischen Kram und Plunder,
Wo ich einst die Truhe fand,
Deren Schloß, ein schmiedeeisern Wunder,
Meiner Knabenhand nicht widerstand —
Sah ich, als ich ängstlich näherrückte,
Schnell den Deckel hob, von Staub umraucht,
Und mich in die Truhentiefe bückte —
Bücher liegen, spinnwebüberhaucht!

Nun, ich lernte schon mit Fleiß der Oder
Nebenflüsse mit gespitztem Mund,
Doch, was hier sich barg in Muhm und Moder,
War ein abenteuerlicher Fund.
Hohl begann mein Herz zu pochen,
Wie im Truhenholz der Totenwurm,
Ach, es klopfte mir noch viele Wochen,
Als ich las mich in den Bücherturm.

Band um Band, zerschlissen manche Seite,
Keiner drunter, den ich nicht bezwang:
Aus der Lebensenge in die Weite
Zeile ich um Zeile drang.
Alte wundersame Trostgeschichten
Fanden sich in dem »Kalendermann«,
Und mit Holtei's schlesischen Gedichten
Fing es selbst in mir zu dichten an. —

Lichtstrahl äugte in die Spinnwebeecke,
Mäuslein huschten, Zwerg um Zwerg,
Wo ein Knabe traumtief im Verstecke
Saß in seinem Bücherberg.
Was er las — es ist vergessen.
Was er wirkte — es lebt fort.
Wie die Sterne ungemessen,
Glänzt aus Träumen uns das Wort.

FRIEDRICH BISCHOFF

Ich kenne keine leichtere, anziehendere, angenehmere Lektüre als die eines Kataloges.

ANATOLE FRANCE

Jüngst fiel mir in die Hand ein schlichtes Buch,
Zerlesen und mit abgegriffnen Seiten,
Und doch umschloß es einen Weltenflug
Für mich in Länder voller Seligkeiten.

Als wär ein Freund, des ich nicht mehr gedacht,
Auf stillen Pfaden wieder mir begegnet,
Als hätte er mich fröhlich angelacht
Und Kindheitssonne wieder mich gesegnet.

Wie weit, wie weit liegt diese Welt zurück
Traumseligen Versenkens in die Ferne,
Und doch, in dieses Büchlein nur ein Blick:
Wie leuchten wieder längst verloschne Sterne.

Und bunte Blumen blühen um mich her,
Und dunkle Wälder rauschen um die Berge,
Verwunschne Königsschlösser, schicksalsschwer,
Glückhafte Feen und das Reich der Zwerge. –

Ich seh als Kind mich auf das Buch gebückt,
Die kleinen Finger folgen seinen Zeilen,
Das bunte Bild, das dort die Seite schmückt,
Einst bannt' es mich zu seligstem Verweilen. –

O du mein liebes erstes Märchenbuch,
Ganz vorne sollst du stehn im Bücherschranke,
Du spanntest mir die Schwingen zu dem Flug,
Dem ich die Liebe zu den Büchern danke.

HAYNO FOCKEN

Ich kann mich an Büchern nicht ersättigen; und habe ihrer doch wohl mehr als genug. Aber wie mit anderen Dingen geht es hier: erfolgreiches Suchen wird zum neuen Ansporn der Habsucht. Ist es doch etwas Einzigartiges um Bücher! Gold, Silber, edle Steine, Purpurkleider, marmorne Paläste, Bildtafeln, reiche Äcker, prächtig geschmückte Pferde und alles dergleichen, es sind nur stumme und oberflächliche Genüsse. Bücher aber erfreuen im innersten Herzen, sie reden mit uns, sie raten uns, sie sind uns verbunden in lebendiger, inniger Gemeinschaft. Auch bringt ein jedes nicht nur sich selbst dem Leser dar: es schenkt uns neue Namen, eins weckt die Sehnsucht zum andern.

FRANCESCO PETRARCA

Der Lesende

Ich las schon lange. Seit dieser Nachmittag,
mit Regen rauschend, an den Fenstern lag.
Vom Winde draußen hörte ich nichts mehr:
Mein Buch war schwer.

Ich sah ihm in die Blätter wie in Mienen,
die dunkel werden von Nachdenklichkeit,
und um mein Lesen staute sich die Zeit. –

Auf einmal sind die Seiten überschienen,
und statt der bangen Wortverworrenheit
steht: Abend, Abend ... überall auf ihnen.
Ich schau noch nicht hinaus, und doch zerreißen
die langen Zeilen, und die Worte rollen
vor ihren Fäden fort, wohin sie wollen.
Da weiß ich es: Über den übervollen
glänzenden Gärten sind die Himmel weit;
die Sonne hat noch einmal kommen sollen.

Und jetzt wird Sommernacht, soweit man sieht:
Zu wenig Gruppen stellt sich das Verstreute,
dunkel auf langen Wegen gehn die Leute,
und seltsam weit, als ob es mehr bedeute,
hört man das Wenige, das noch geschieht.
Und wenn ich jetzt vom Buch die Augen hebe,
wird nichts befremdlich sein und alles groß.

Dort draußen ist, was ich hier drinnen lebe,
und hier und dort ist alles grenzenlos;
nur daß ich mich noch mehr damit verwebe,
wenn meine Blicke an die Dinge passen
und an die ernste Einfachheit der Massen, –
da wächst die Erde über sich hinaus.
Den ganzen Himmel scheint sie zu umfassen:
der erste Stern ist wie das letzte Haus.

RAINER MARIA RILKE

Wie schön ist es, das Auge von einem schönen Buch, in das man versunken war, zu einer schönen Landschaft aufzuschlagen. Dieser kurze Übergang von chiffrierter Geisterwelt in symbolische, dieser jungfräuliche Augenblick unbewußten Staunens ist einzig.

CHRISTIAN MORGENSTERN

8. DIE GANZE WELT IST WIE EIN BUCH

Du wirst kein Buch finden, da du die göttliche Weisheit könntest mehr inne finden zu forschen, als wenn du auf eine grünende und blühende Wiese gehest: da wirst du die wunderliche Kraft Gottes sehen, riechen und schmecken.

JACOB BÖHME

Des Menschen Herz ist wie ein Buch:
Gott spannt es in die Kreuzes-Pressen
Und heftet (wie Erz abgemessen)
Daran die Gnade für den Fluch.
Zuletzt will er nach Schlag und Schneiden
Dasselbe in güldenen Segen kleiden.

ABRAHAM A SANTA CLARA

Was ist des Menschen Leib all hier?
ein Wander-Gut auff alle Stunden
ein offt gedrucketes Papier,
ein Buch in Trübsal eingebunden.
Mit diesem handelt Tod und Zeit
bis einst auspackt die Ewigkeit.

JOST AMMAN

Positiv im Buch des Lebens
steht verzeichnet nur das Lieben.

WILHELM BUSCH

Das Buch des Lebens liest sich nur ein einzig Mal;
Du kannst darin nicht blättern, wie's dir wohl gefällt,
Noch bei der Stelle weilen, die dich fesselte;
Denn unerbittlich wenden sich die Blätter um.
Zum Abschnitt »Lieben« kehrten wir zurück wie gern!
Und sind schon auf der Seite, wo es sterben heißt.

EMANUEL GEIBEL

Wenn wir dies schöne Buch, die Welt genannt,
mit rechter Sorgfalt nur zu lesen wüßten,
wie deutlich sich uns offenbaren müßten
die Kunst und Weisheit dessen, ders geplant!

Denn seine Macht, die alle Mächte bannt,
Gerechtigkeit, die straft vermeßnes Lüsten,
und Vorsehung, umspannend fernste Küsten,
sie würde uns aus jedem Blatt bekannt.

Doch uns, wie törige Kinder, freuts zu sehn
gefärbtes Pergament nur, goldne Ranken;
so lassen wir das Beste uns entgehn,
erfassen nie des Schreibers Grundgedanken.

Und macht doch unser Sinn bei etwas halt,
ists nur ein Bildchen, an den Rand gemalt.

WILLIAM DRUMMOND

DEUTSCH VON H. E. HERLITSCHKA

Die ganze Welt ist wie ein Buch,
Darin uns aufgeschrieben
In bunten Zeilen manch ein Spruch,
Wie Gott uns treu geblieben.
Wald und Blumen nah und fern,
Sonn' und Mond und Erd' und Stern
Sind Zeugen seiner Liebe.

EMANUEL GEIBEL

Aus einer großen Gesellschaft heraus
Ging einst ein stiller Gelehrter nach Haus.
Man fragte: »Wie seid Ihr zufrieden gewesen?«
»Wär'ns Bücher,« sagt er, »ich würd' sie nicht lesen.«

JOHANN WOLFGANG VON GOETHE

Die Natur ist das einzige Buch, das auf allen Blättern großen Inhalt bietet.

JOHANN WOLFGANG VON GOETHE

Es ist mit den Menschen wie mit den Büchern, die man liest: das eine ist einem ans

 Herz gewachsen und dort geschrieben, wie Wahrheit und Dichtung, das andere liest man nach Tisch auf dem Sofa liegend, wie Soll und Haben.

WILHELM RAABE

Sieh', so ist Natur ein Buch lebendig,
Unverstanden doch nicht unverständlich!

JOHANN WOLFGANG VON GOETHE

Das Leben gleicht einem Buche; Toren durchblättern es flüchtig, der Weise liest es mit Bedacht, weil er weiß, daß er es nur einmal lesen kann.

JEAN PAUL

Wenn auf der Bäume Laub des Weisen Blick sich richtet,
Ist jedes Blatt ein Buch, das ihm von Gott berichtet.

HAFIS

Die Welt, die ist ein Buch, ein jeder eine Letter;
Die Länder sind der Bund, die Zeiten sind die Blätter.
In diesem findt man mehr betört als kluge Sachen;
In diesem findt man mehr zum klagen als zum lachen;
In diesem findt man mehr zu meiden als zu üben;
In diesem findt man mehr zu hassen als zu lieben.

FRIEDRICH VON LOGAU

Die Bücher öffne in der Zeiten Saal –
Was bist du drin? Nur eine Seitenzahl!

BENNO PAPENTRIGK

Von Zeitschriften erscheint alle Vierteljahre, Monate und so weiter ein Stück, von Ewigkeitsschriften dagegen alle Ewigkeiten nur eins. Bis jetzt hat bloß Gott dergleichen herausgegeben. Kenntlich ist's am Umschlag, an der Natur. Von der Zeit wird's gedruckt und im Raume verlegt.

JOHANN WILHELM RITTER

Die Welt ist gleichsam ein Buch, von dem man nur die erste Seite gelesen hat, wenn man bloß sein Heimatland kennt.

HENRI STENDHAL-BEYLE

Die Gelehrten sind Die, welche in den Büchern gelesen haben; die Denker, die

Genies, die Welterleuchter und Förderer des Menschengeschlechts sind aber Die, welche unmittelbar im Buch der Welt gelesen haben.

ARTHUR SCHOPENHAUER

Die Natur ist das wahre Buch himmlischer Offenbarung, welches die Hand des Allmächtigen gleichsam selbst geschrieben; und jede Zeile dieses unendlichen Werkes ist uns ein neues Wunder.

HEINRICH ZSCHOKKE

9. DIE WELT IM SPIEGEL DES BUCHES

In den Büchern liegt die Seele aller gewesenen Zeit, die hörbare Stimme der Vergangenheit, wann ihre sichtbare Zeit wie ein Traum verschwunden ist.

THOMAS CARLYLE

Willst du in einen ganzen Spiegel sehen,
nicht in eine Scherbe, schlag Shakespeare auf.

WILHELM BUSCH

Ich sah, wie sich in seines *(des Buches)* Tiefe eint, mit Lieb' in einen einz'gen Band gebunden, was durch das All sich auseinander blättert: die Wesenheiten und die Eigenschaften, wie auch ihre Weisen, nach solcher Art in eins geschmolzen, daß die Vielfalt, die ich meine, ein schlichtes Licht ist.

DANTE ALIGHIERI

Bücher sind Brillen, durch welche die Welt betrachtet wird; schwachen Augen freilich nötig, zur Stütze, zur Erhaltung. Aber der freie Blick ins Leben erhält das Auge gesunder.

LUDWIG FEUERBACH

Das Produkt aus Lumpen und Druckerschwärze, das wir gemeinhin mit Buch bezeichnen, ist mir einer der großen, sichtbaren Vermittler zwischen Geist und Zeit, und den Zeitgeist widerspiegelnd, hat es sich dauernder erwiesen als Erz und Stein.

LUDWIG HAMANN

Das Buch ist nicht nur der Vermittler zwischen unserer Arbeit und fremder Arbeit, sondern auch zwischen unserem Leben und der Außenwelt. Auf dem Weg, den die Zeit einerseits in die Geschichte, andererseits in die Theorien überkommener Bildungsformen genommen hat, ist der unmittelbare Verkehr mit der Natur und den Dingen um uns verloren gegangen. Wir holen Wissen, Begeisterung, Kunstverständnis aus der gedruckten Welt, die überwältigend und groß das Gebiet der Schöpfung in sich aufgenommen hat.

ALEXANDER VON GLEICHEN-RUSSWURM

Das Buch enthält die Vergangenheit des Menschen, seine Gegenwart und seine Zukunft.

GERHART HAUPTMANN

Die Kultur der Menschheit besitzt nichts Ehrwürdigeres als das Buch, nichts Wunderbareres und nichts, das wichtiger wäre!

GERHART HAUPTMANN

Dem Kinde und dem jungen Menschen umschließt jedes Buch in seinen Deckeln die Welt und vermag alle Ergriffenheit, höchste Spannung, leidenschaftliche Parteinahme, Willen zur eigenen Leistung, Stolz und Glück ins Herz des Lesenden zu schütten. Denn für diese frischen, durch die Zeilen hineilenden Augen ist im Buch noch alles Leben und Dasein; das Wort eines bewegten, heldischen, abenteuerlichen Buches hat größere Zauberkräfte als die das Kind und den jungen Menschen umgebende Welt; es ist einfach wirklicher.

WILHELM VON SCHOLZ

Eng und einsam wird ein Leben,
das nicht mehr als sich enthält:
Lernst du erst dich hinzugeben,
wird dir jedes Buch zur Welt.

STEFAN ZWEIG

Alle Bücher dieser Welt
Bringen dir kein Glück,
Doch sie weisen dich geheim
In dich selbst zurück.

Dort ist alles, was du brauchst,
Sonne, Stern und Mond,
Denn das Licht, danach du frugst,
In dir selber wohnt.

Weisheit, die du lang gesucht
in den Büchereien,
Leuchtet jetzt aus jedem Blatt -
Denn nun ist sie dein.

Hermann Hesse

›II‹

10. MAN MUSS BÜCHER EIGEN HABEN...

Was läge an sich näher, als ein Buch, das man besitzt, jemand anderem, der es lesen möchte, zu leihen? Weil er es braucht, aber selbst nicht zur Verfügung hat; weil die Lesung ihm guttun würde; weil es etwas Schönes ist, in einer Erkenntnis oder einer Freude, die aus der Lesung des gleichen Buches hervorgeht, Gemeinschaft zu stiften? Aber welche Erfahrungen macht man dabei! Wie lange dauert es, bis man das Hergeliehene zurückbekommt, und in welchem Zustande kehrt es wieder, daß man es am liebsten wegwerfen möchte. Es ist schmutzig; der Band auseinandergebrochen; die Seiten sind gefalzt; es hat Eselsohren; am Rande stehen Striche, wenn nicht gar Bemerkungen. Und das Verhalten des Ausleihers ist so unbefangen, daß man den Eindruck hat, als ob vor fremden Büchern das Gewissen sich überhaupt nicht meldete ...
Hier einen Weg zu finden, welcher der Verpflichtung gegen das geistige Leben des anderen und der Sorge um die geliebten Bücher gerecht wird, ist fast unmöglich. Ich kenne solche, die den Konflikt durch einen radikalen Entschluß nach der einen oder anderen Seite hin entscheiden, aber damit haben sie ihn nicht gelöst. So muß er stehen bleiben und jeder den Kompromiß finden, der seiner Situation entspricht.

ROMANO GUARDINI

Ein Zimmer ohne Bücher ist wie ein Körper ohne Seele.

MARCUS TULLIUS CICERO

... es sollte kein Buch im Laufe des Jahres über die Schwelle mir kommen, vom Bücherverleiher gesendet.

JOHANN WOLFGANG VON GOETHE

Ich bin sehr für geliehene Bücher. Besitzt man das Buch als Eigentum, so glaubt man: ein andermal! Man sieht es im Schranke und denkt: wenn ich Gelegenheit haben werde.

THEODOR GOTTLIEB VON HIPPEL

Ein ganz äußerliches zwar, aber auch ein leicht erkennbares und charakteristisches Zeichen der Bildung ist der Besitz oder Nichtbesitz von Büchern. Ein elegantes Haus, in dem bloß Dutzend Bücher ungelesen auf einer zierlichen Etagère sich befindet, können Sie ruhig mit allen seinen Insassen als ungebildet ansehen.

CARL HILTY

Von einem Bürschchen, das mein Buch erstanden,
Entlehnt' es sein Professor erst, sein alter,
Und ließ es gaukeln dann wie einen Falter
Bei sechs steinreichen Damen, ihm verwandten.

Die letzte lieh's an einen ihr bekannten
Bürochef, stets als Freund von Büchern galt er! –
Im Amt die Runde vom Kanzleiverwalter
Macht's hinab bis zum jüngsten Praktikanten.

Der schickt es, als er war damit zu Rande
Nach Syrakus an sein geliebtes Klärchen:
Die nach Turin an einen Herrn von Stande.

»Sie Glückspilz!« sprach zu mir heut dieses Herrchen,
»Man reißt sich um Ihr Buch!« (Die Gaunerbande,
Sie reißt sich um ein einzig Exemplärchen!)

EDMONDO DE AMICIS

Bücher schreiben ist leicht, es verlangt nur Feder und Tinte
und das geduld'ge Papier. Bücher zu drucken ist schon
schwieriger, weil das Genie sich erfreut unleslicher Handschrift.
Bücher zu lesen ist noch schwerer von wegen des Schlafs.
Aber das schwierigste Werk, das ein sterblicher Mann bei den Deutschen
auszuführen vermag, ist: Zu verkaufen ein Buch!
Denn es kauft sie nicht gern, das unsträfliche Volk der Germanen.
Nein, sie mieten sie, was höflicher »leihen« man nennt.

FELIX DAHN

Wer Bücher hat, kann mitreden. Die Bücherfreunde fühlen, wie ihr Dasein von Jahr zu Jahr breiter und mächtiger wird mit den Büchern, die sich langsam um sie sammeln. Still setzen sich Bücher an das Leben an wie die heimlich wachsenden Jahresringe an die Bäume.

ERNST KAMMERER

Ein geliehenes Buch liest man freilich geschwinder; allein eine selbsteigene Bibliothek, die man zu aller Zeit bei der Hand hat, bringt wahren und bleibenden Gewinn.

THEODOR GOTTLIEB VON HIPPEL

Man muß Bücher eigen haben, die man recht lesen will; namentlich die ganz guten Bücher, die unbestritten zum unsterblichen Geisteserbe der Menschheit gehören, wo immer möglich selbst zu besitzen, sollte man sich zur Pflicht und Ehre rechnen, wie man es sich zur Ehre rechnen würde, die besten Menschen seiner Zeit persönlich gekannt zu haben, wenn das so leicht möglich wäre.

CARL HILTY

Wenn ihr die für die Wissenschaft, welche ihr angeblich liebt und treibt, nötigen Bücher nicht selbst besitzt, so könnt ihr nicht im Ernste Diener der Wissenschaft sein. Es gibt keine Gelehrsamkeit als bei dem, welcher selbst eigene Bücher im Hause allezeit zur Hand hat.

PAUL DE LAGARDE

Von klein auf sollte das Kind lernen, daß Bücherpumpen Aneignung fremden geistigen Eigentums ist.

HEINRICH LHOTZKY

Libri et liberi

Wann Priester versterben,
Was findt sich zu erben?
Viel Bücher, viel Kinder,
Gar selten viel Rinder.

FRIEDRICH VON LOGAU

... far more seemely were it for thee to have thy Studie full of Bookes, than thy Purses full of Mony.
Ziemlicher ist es, den Schrank voll Bücher als die Börse voll Geld zu haben.

JOHN LYLIE

Die Leser stehn gar oft in mißlichem Geruch
Und unsre Autorschaft ist drum recht zu bedauern:
Aus einer einz'gen Schüssel löffeln zwar sechs Bauern,
Doch dreimal so viel Leut' aus einem einz'gen Buch.

W. R. MARSCHALL

Es ist leichter das Buch zu behalten, als das was darinnen steht.

MICHEL DE MONTAIGNE

 Der Bücherschrank ist der Mensch. Zeige mir doch deine Bücher und ich will dir sagen, wer du bist.

ALFRED MEISSNER

Ein Buch, das man liebt, darf man nicht leihen, sondern muß es besitzen.

FRIEDRICH NIETZSCHE

Daß kein Buch mir kommt aus dem Haus in die Hände des Fremdlings
Bis ein Pfand des Entlehens er gab, nebst festem Gelöbnis,
Rückzuerstatten die Bücher wohl unserer Biblioteca!
Würdige recht, Verehrter, des Schreibers mühvolle Arbeit,
Nimm zwar, öffne und lies; klapp's zu, bring's unversehrt wieder!

REGINBERT VON REICHENAU

Gegen geborgte Bücher behält man stets eine gewisse formelle Höflichkeit. Man gewinnt kein Verhältnis zu solchen Büchern, man bleibt stets »per Sie« mit ihnen.

RAINER MARIA RILKE

Nur der kann wirklich über ein Buch oder ein Bild klar sein, der es besitzt.

RAINER MARIA RILKE

Ohne eigene Bücher zu sein, ist der Abgrund der Armut, verweile nicht darin!

JOHN RUSKIN

Für den Wert guter Bücher habe ich nirgends einen so vollendeten Ausdruck gefunden wie in der Sage von den sibyllinischen Büchern, bei denen zuletzt alles in das eine letzte übrigbleibende Buch zusammengedrängt ist. So ist es auch im Schrifttum: von vielen bleibt immer eins übrig, das so viel oder mehr wert ist als alle, die verbrannten. Nun ist die Aufgabe, sich eine Bibliothek anzuschaffen aus diesen »einen Büchern«, die von jeder Art, Gruppe, jedem Stil, jeder Richtung allein übrigbleiben!

WILHELM VON SCHOLZ

Das einmalige Durchlesen ist durchaus unzulänglich, vielmehr ist ein Buch zu anhaltendem Gebrauche gemacht und recht eigentlich ein Gefährte für das Leben: Daher wird, wer es gelesen, oder auch nur darin geblättert hat, es besitzen wollen.

ARTHUR SCHOPENHAUER

Mit den Büchern geht es wie mit dem Feuer: wer selbst keines hat, holt es beim

Nachbarn, und wenn wir welches auf dem Herde haben, so holen andere gleichfalls; denn das Feuer gehört allen wie das Wasser.

KARL JULIUS WEBER

Geliehene Bücher wiedergeben
wird oft versäumt von Jungen und Alten;
Denn leichter ist es, die Bücher selber,
Als was darin steht, zu behalten.

SPRICHWÖRTLICH

Dem Bücherschnorrer sag's ins Gesicht:
Buch, Ehr' und Frau verleih ich nicht.

HANS VON WEBER

11. EIN GUTES BUCH ERKENNEN

Es gibt zwei Arten von Büchern: solche, die in den Menschen die Freude am Leben, die Sehnsucht nach dem Guten steigern, und solche, die das nicht tun. Die ersten sind gut, die andern sind schlecht, so ausgezeichnet und genial sie auch in Einzelheiten sein mögen.

BJÖRNSTJERNE BJÖRNSON

Wenn ein Buch dich erbaut und dir edle und mutige Gedanken eingibt, dann suche keinen anderen Maßstab für das Werk; dann ist es gut und von kundiger Hand geschaffen.

JEAN DE LA BRUYERE

Was nun aber das Kunstwerk anbetrifft, so meine ich, es sei damit so ungefähr wie mit dem Sauerkraut. Ein Kunstwerk, möcht ich sagen, müßte gekocht sein am Feuer der Natur, dann hingestellt in den Vorratsschrank der Erinnerung, dann dreimal aufgewärmt im goldenen Topf der Phantasie, dann serviert von wohlgeformten Händen, und schließlich müßt es dankbar genossen werden mit gutem Appetit.

WILHELM BUSCH

Warum dies Buch mir so mißfällt?
Just, weil es Wahrheit auch enthält;
Denn brächt' es nichts als eitel Lügen,
Wer ließe sich davon betrügen!

EMANUEL GEIBEL

 Die besten Bücher sind nicht die, die uns satt, sondern die, die uns hungrig machen, hungrig auf das Leben.

GORCH FOCK

Hochgelehrter lieber Getreuer, Ihr urtheilet viel zu vortheilhaft von denen Gedichten *(Nibelungen und Tristan)* aus dem zwölften, dreizehnten und vierzehnten Säkulo, deren Druck ihr befördert habet und zur Beförderung der deutschen Sprache so brauchbar haltet. Meiner Einsicht nach sind solche nicht einen Schuß Pulver werth und verdienen nicht, aus dem Staube der Vergangenheit gezogen zu werden. In Meiner Büchersammlung wenigstens würde Ich dergleichen elendes Zeug nicht dulden, sondern heraus schmeißen. Das Mir davon eingesandte Exemplar mag dahero sein Schicksal in der dortigen großen Bibliothek abwarten. Viele Nachfrage verspricht aber demselben nicht

Euer sonst gnädiger König Friedrich.

Potsdam, 22. Februar 1784

FRIEDRICH DER GROSSE

Ein gutes Buch und ein guter Wein müssen uns schmecken, aber sie dürfen uns keinen Kater verursachen. Naturreine Bücher sind köstlich wie ein Tropfen von wackerer Kreszens. Aber wie beim Trinken ziehen viele Leute, weil sie's nicht besser verstehen, auch beim Lesen Sorten vor, die gepanscht sind, gezuckert, verschnitten, gespritet, parfümiert. Sie wundern sich über ihr seelisches Sodbrennen, weil die Firmen, bei denen sie bestellen, raffiniert aufgeputzte Preislisten versenden, genannt Kataloge, mit geschickt angebrachten Urteilen von Beziehern, genannt Kritiken. Die nämlichen Leute, die sich über die Schundhefte zu zwanzig Pfennig erhaben fühlen, verschlingen jahraus, jahrein Schundbände von sieben Mark aufwärts.

JOSEF HOFMILLER

Den substantiellen Geist erkennt man daran, daß er an Beiwörtern spart. Der erste Satz der Genesis ist ohne Adjektiv.

ERNST JÜNGER

Ein Titel muß kein Küchenzettel sein. Je weniger er von dem Inhalt verrät, desto besser ist er. Dichter und Zuschauer finden ihre Rechnung dabei, und die Alten haben ihren Komödien selten andere als nichtbedeutende Titel gegeben.

GOTTHOLD EPHRAIM LESSING

Ich lese keine Bücher, wo ich noch beim dritten oder vierten Bogen sagen kann: das kann ich auch.

GEORG CHRISTOPH LICHTENBERG

Kein Buch kann auf die Nachwelt gehen, das nicht die Untersuchung des vernünftigen und erfahrenen Weltkenners aushält.

GEORG CHRISTOPH LICHTENBERG

Über jedem Buch muß das Gesicht des Lesers von Zeit zu Zeit hell werden. Die Sonne innerer Heiterkeit muß sich zuweilen von Seele zu Seele grüßen, dann ist auch im schwierigsten Falle vieles in Ordnung.

CHRISTIAN MORGENSTERN

Körnige Gedrängtheit, Ruhe und Reife – wo du diese Eigenschaften bei einem Autor findest, da mache halt und feiere ein langes Fest mitten in der Wüste: es wird dir lange nicht wieder so wohl werden.

FRIEDRICH NIETZSCHE

Jedes gute Buch ist für einen bestimmten Leser und dessen Art geschrieben und wird eben deshalb von allen übrigen Lesern, der großen Mehrzahl, ungünstig angesehen: weshalb sein Ruf auf schmaler Grundlage ruht und nur langsam aufgebaut werden kann. – Das mittelmäßige und schlechte Buch ist es eben dadurch, daß es vielen zu gefallen sucht und auch gefällt.

FRIEDRICH NIETZSCHE

Nur diejenigen Kunstwerke haben Anspruch auf Dauer, in denen die Nation sich wiederfindet.

WILHELM RAABE

Es ist am Ende doch nur der Ernst in den Büchern, welcher sie erhält.

WILHELM RAABE

Die Bücher sind die besten, die der Verfasser selber nicht zum zweiten Male »machen kann«, über die er sich selbst wundert.

WILHELM RAABE

Es gibt zweierlei Arten von Büchern: die einen lesen die Leute, weil sie wollen, die anderen, weil sie müssen. Die letztere Art ist die wahre. Die Generation, welche nicht gewollt hat, ist hin; jetzt kommen die Geschlechter, welche müssen.

WILHELM RAABE

Die Werke aller wirklich befähigten Köpfe unterscheiden sich von den übrigen durch den Charakter der Entschiedenheit und Bestimmtheit, nebst daraus entspringender Deutlichkeit und Klarheit, weil solche Köpfe allemal bestimmt und deutlich wußten, was sie ausdrücken wollten. Diese Entschiedenheit und Klarheit mangelt den übrigen, und daran sind sie sogleich zu erkennen.

ARTHUR SCHOPENHAUER

Erlag ich beim hastigen Lesen der Versuchung, viele Sätze und gar ganze Beschreibungen zu überspringen, so urteilte ich, daß das Buch schlecht geschrieben sei. Wurde ich aber so gefesselt, daß ich nicht anders konnte, als jeden Satz lesen, so dachte ich, der Stil müsse gut sein. So meine ich auch heute noch.

ALBERT SCHWEITZER

Wie wenige wissen denn nur, was sie von einem guten Buche, von einer Geschichte, von einer Komposition fordern sollen. Sie verlangen entweder gar nichts, oder sie wollen sich nur ihre Neigungen, Vorurteile und Schwächen herauslesen, oder das bei Kaspar finden, was ihnen gestern im Werke des Melchior gefiel: wenn ihnen nicht ein ganz Unbestimmtes, Unbedingtes, Luftiges vorschwebt, das sie das Ideal oder das Interessante taufen.

LUDWIG TIECK

Les livres les plus utiles sont ceux dont les lecteurs font eux-mêmes la moitié.
Die nützlichsten Bücher sind diejenigen, die den Leser veranlassen, sie zu ergänzen und weiterzuführen.

F. M. AROUET DE VOLTAIRE

Was mich an einem guten Buch zuvörderst fesselt, sind seine guten Manieren. Ich will nicht angerempelt werden, ich vertrage nicht, daß man mit mir schreie; es macht mich mißtrauisch, wenn ein neuer Bekannter mich gar zu leidenschaftlich begrüßt; seine Art, mir Neugierde einzuflößen, muß diskret sein und mehr seinem Wesen als seinem Wort muß ich glauben, daß er des Vertrauens würdig ist, auch seinem äußeren Wesen, und in dieser Hinsicht gibt es bei Büchern kuriose Merkmale.

JAKOB WASSERMANN

Der echte Leser braucht ein Buch nur aufzuschlagen, und sein Instinkt wird ihm mitteilen, ob es ein gutes oder ein schlechtes Buch ist.

JAKOB WASSERMANN

Ein Buch, das nicht wert ist, zweimal gelesen zu werden, ist auch nicht wert, daß man es einmal liest.

KARL JULIUS WEBER

Es gibt weder moralische noch unmoralische Bücher. Bücher sind gut oder schlecht geschrieben. Nichts sonst.

OSCAR WILDE

12. VOM RECHTEN LESEN

Wann ich bete, so rede ich mit Gott; wann ich aber lese, so redet Gott mit mir.

ABRAHAM A SANTA CLARA

Der höchste Genuß an Büchern ist die eigene Leistung des Lesers.

WALDEMAR BONSELS

An der entlegensten Stelle steht oft das Wichtigste.

JACOB BURCKHARDT

... Sobald ich mir ein Buch aneignen will, gebe ich mich dem Verfasser ganz gefangen und identifiziere mich leidenschaftlich mit ihm, bis ich ausgelesen habe – und dies gerade macht mich wählerisch und den Büchern gegenüber besonders empfindlich und unduldsam; keine verlorene Zeit bereue ich mehr als die auf ein unwürdiges Buch verschwendete.

HOUSTON STEWART CHAMBERLAIN

Bücher sind wie spiritistische Medien: wer sie nicht richtig zu fragen versteht, dem antworten sie falsch oder gar nicht, und die meisten Leute halten deswegen den ganzen Spiritismus für Schwindel, bestenfalls für Selbsttäuschung. Jener afrikanische Wilde, der einen Missionar aus der Bibel vorlesen hörte, sich dann das Buch an die Ohren hielt und es ungläubig wegwarf, weil es ihm nichts sagte: der steckt noch in jedem gebildetsten Leser.

RICHARD DEHMEL

König Amed hatte zwei Söhne: Behmed und Cehmed. Und der König schenkte seinem Erstgeborenen, Behmed, tausend gute Bücher und seinem Zweitgeborenen, Cehmed, ein gutes Buch. Und die wißbegierigen Söhne lasen in einem fort. Und Cehmed wurde weise und Behmed dumm.

MARIE VON EBNER-ESCHENBACH

Und das sind die rechten Leser, die mit und über dem Buch dichten. Denn kein Dichter gibt einen fertigen Himmel, er stellt nur die Himmelsleiter auf von der schönen Erde. Wer, zu träge und unlustig, nicht den Mut verspürt, die goldenen, losen Sprossen zu besteigen, dem bleibt der geheimnisvolle Buchstabe immer tot, und er täte besser, zu graben oder zu pflügen, als so mit unnützem Lesen müßig zu gehen.

JOSEF FREIHERR VON EICHENDORFF

Lesen ist nur ein Vergnügen, wenn man ganz frisch ist und jede Schönheit und jede Dummheit gleich voll genießen kann; aber gelangweilt lesen ist ein Hundevergnügen und strapaziös.

THEODOR FONTANE

Es ist ein Unsinn, jungen Leuten immer mit dem »Besten« zu kommen. Man hat in das Beste hineinzuwachsen, und das oft recht lange. Schadet auch nichts. Vor allem ist es ganz unnatürlich, mit Goethe zu beginnen. Ich bin glücklich, mit Freiligrath begonnen zu haben.

THEODOR FONTANE

Die Weisesten sind die, welche lesen, um sich von ihren Fehlern zu befreien.

FRIEDRICH DER GROSSE

Multum legendum, sed non multa.
Viel, nicht vieles soll man lesen.

GAIUS PLINIUS SECUNDUS D. AE.

. . . Liest doch nur jeder
Aus dem Buch sich heraus, und ist er gewaltig, so liest er
In das Buch sich hinein, amalgamiert sich das Fremde.

JOHANN WOLFGANG VON GOETHE

Es gibt dreierlei Arten Leser: eine, die ohne Urteil genießt, eine dritte, die ohne zu genießen urteilt, die mittlere, die genießend urteilt und urteilend genießt; diese reproduziert eigentlich ein Kunstwerk aufs neue. Die Mitglieder dieser Klasse sind nicht zahlreich.

JOHANN WOLFGANG VON GOETHE

Deshalb ist die Bibel ein ewig wirksames Buch, weil, so lange die Welt steht, niemand sagen wird: Ich begreife es im Ganzen und verstehe es im Einzelnen. Wir aber sagen bescheiden: Im Ganzen ist es ehrwürdig und im Einzelnen anwendbar.

JOHANN WOLFGANG VON GOETHE

Die guten Leutchen wissen nicht, was es einem für Zeit und Mühe kostet, um lesen zu lernen. Ich habe achtzig Jahre dazu gebraucht und kann noch jetzt nicht sagen, daß ich am Ziel wäre.

JOHANN WOLFGANG VON GOETHE

Es ist ein großer Unterschied, ob ich lese zu Genuß und Belebung oder zur Erkenntnis und Belehrung.

JOHANN WOLFGANG VON GOETHE

Es müßte schlimm zugehen, wenn ein Buch unmoralischer wirken sollte als das Leben selber, das täglich der skandalösesten Szenen im Überfluß, wo nicht vor unsern Augen, doch vor unsern Ohren entwickelt. Selbst bei Kindern braucht man wegen der Wirkungen eines Buches oder eines Theaterstückes keineswegs so ängstlich zu sein. Das tägliche Leben ist, wie gesagt, lehrreicher als das wirksamste Buch.

JOHANN WOLFGANG VON GOETHE

Was auch als Wahrheit der Fabel
In tausend Büchern dir erscheint,
Das alles ist ein Turm zu Babel,
Wenn es die Liebe nicht vereint.

JOHANN WOLFGANG VON GOETHE

Man liest viel zu viel geringe Sachen, womit man die Zeit verdirbt und wovon man weiter nichts hat. Man sollte eigentlich immer nur das lesen, was man bewundert.

JOHANN WOLFGANG VON GOETHE

Die rechte Art, dem Kunstwerk beizukommen, es zu beschauen und zu genießen, ist die, welche Du erwählt hast: es nämlich in Gesellschaft mit einem Freunde zu betrachten. Überhaupt ist jedes gemeinsame Anschauen von der größten Wirksamkeit; denn indem ein poetisches Werk für viele geschrieben ist, gehören auch mehrere dazu, um es zu empfangen; da es viele Seiten hat, sollte es auch jederzeit vielseitig angesehen werden.

JOHANN WOLFGANG VON GOETHE

Ein rechter Leser muß seinen Autor nicht nur verstehen, sondern auch übersehen können.

LUDWIG HAMANN

Ein Knabe liest und verstehet es nicht, sondern er lernt nur lesen; ein Jüngling versteht nur das, was leicht ist, weil er eilt; ein Anfänger hält es vor stark; ein

 Frauenzimmer vor ernsthaft; ein Mann vor mittelmäßig; und ein Kenner vor einfältig.

BALTHASAR HAUG

Es gibt Leute, die Bücher lesen, so wie sie ein gemessenes Tagwerk verrichten, und wann sie es weg haben, sind sie fertig, es mag der Tag vorüber sein oder nicht.

BALTHASAR HAUG

Bei mittelmäßigen Verfassern, deren freilich die meisten sind, verstehe man die Kunst, die Sokrates bei Heraklits Schriften anwandte: ein Taucher zu sein, um Perlen heraufzuholen.

JOHANN GOTTFRIED VON HERDER

Keine Leserei erfordert eine so strenge Diät, als das Lesen abgerissener, hingestreuter Gedanken.

JOHANN GOTTFRIED VON HERDER

Lesen ohne Liebe, Wissen ohne Ehrfurcht, Bildung ohne Herz
ist eine der schlimmsten Sünden gegen den Geist.

HERMANN HESSE

Lesen muß man ganz einsam und still für sich, mit Unterhaltung und Nachdenken, wenn ein Gedanke die Seele erfaßt, was bei Vorlesen nicht möglich ist.

CARL HILTY

Wenn der Buchstab' dich gefangen,
Kannst du nicht zum Geist gelangen.

HISTORIE DER WIEDERGEBORNEN (1742) WERD EIN KIND

Wir können nicht mehr stillsitzen und dem Erzählen folgen, können keine Entwicklung mehr erleben, kein Ende abwarten. Wir haben keinen Sinn mehr für die Anmut der sich schlängelnden, die Lockung der im weichen Grase sich mählich verlierenden, gelegentlich kreuzenden und verwirrenden Pfade; wir rennen atemlos der Nase nach ans Ziel, um es zu empfinden, daß es sich nicht lohnte, es zu erreichen. Sollte es sich wirklich nicht lohnen, wieder den Genuß des Lesens zu üben, wieder lesen zu lernen.

JOSEF HOFMILLER

Für jeden der liest, gibt es keine entscheidendere Frage als die, ob er den Übergang findet von der Belletristik zur Literatur. Nicht, daß es nur einen einzigen gäbe, aber der über die Autobiographie ist der natürlichste. Wenn einer erst einmal so weit ist, daß ihm erlebte Lebensläufe besser gefallen als erfundene, kommt er von selbst weiter. Auch in den wirklich lesenswürdigen Romanen der Weltliteratur gibt nicht die Erfindung den Ausschlag, sondern das Erlebnis: je mehr sie Selbstbekenntnis sind, um so bleibender ist ihr Wert.

JOSEF HOFMILLER

Auch die gelesene Wahrheit muß man hinterher erst selber erfinden.

JEAN PAUL

Um mit Nutzen zu lesen, muß man seine Aufmerksamkeit bis zu dem Grade anspannen, daß man die Gedanken wie etwas mit leiblichen Augen Angeschautes vor sich sieht.

JOSEPH JOUBERT

Mir ist kein Lesen nützlicher, als solches kurzer Gedanken. Keines scheint mir reichhaltiger, belehrender, anwendbarer.

JOHANN KASPAR LAVATER

Sehen sie, wenn ich jetzt auch noch so viel vergesse, ich behalte doch wenigstens die Bücher, wo ich es wiederfinden kann. Und kann ich mir nun die Bücher vollends kaufen – das kann ich jetzt – so gewinne ich ja offenbar im Verlieren. Denn in den Büchern steht sicherlich mehr als ich vergesse. Geben sie nur acht, je mehr ich vergesse, desto gelehrter werde ich werden.

GOTTHOLD EPHRAIM LESSING

Wer aus den Büchern nicht mehr lernt als was in den Büchern steht, der hat die Bücher nicht halb benutzt.

GOTTHOLD EPHRAIM LESSING

Man pflegt in einem wichtigen Werk zu blättern, ehe man es ernstlich zu lesen anfängt.

GOTTHOLD EPHRAIM LESSING

Der Leser ist der eigentliche Erzeuger des Buches, denn sein Hunger hat es hervorgebracht.

HEINRICH LHOTZKY

Laß dich deine Lektüre nicht beherrschen, sondern herrsche über sie.

GEORG CHRISTOPH LICHTENBERG

 O wahrhaftig, das schlechte Buch ist rar, in welches sich gar nichts Gutes, auch nicht von ungefähr, eingeschlichen hätte.

GOTTHOLD EPHRAIM LESSING

Der fruchtbarste Kopf schreibt sich leer. Wehe der armen Kunst zu lesen, wenn ihr vornehmstes Geschäft sein muß, den Wortverstand deutlich zu machen.

GOTTHOLD EPHRAIM LESSING

Ein Buch ist ein Spiegel, wenn ein Affe hineinguckt, so kann freilich kein Apostel heraussehen.

GEORG CHRISTOPH LICHTENBERG

Lesen heißt borgen; daraus erfinden, abtragen.

GEORG CHRISTOPH LICHTENBERG

Wenn ein Buch und ein Kopf an einander stoßen und es klingt hohl, ist das allemal im Buch?

GEORG CHRISTOPH LICHTENBERG

Man sollte eigentlich nur das ein Buch nennen, was etwas Neues enthält.

GEORG CHRISTOPH LICHTENBERG

Das Lesen versieht den Geist nur mit dem Material für das Wissen: erst das Denken macht das Gelesene zu unseremEigentum. Es genügt nicht, daß wir uns mit einer großen Ladung von Sammelgütern anfüllen; wenn wir diese nicht durchdenken, werden sie uns keine Kraft und Nahrung geben.

JOHN LOCKE

Ein Bild wird erst durch den Beschauer fertig. So ist's mit Büchern auch. Ein Buch ist schlecht, wenn's nicht den rechten Leser findet, der im Lesen erst es fertig macht. Es liest kein Leser mehr heraus, als er hineinliest. Denn andern ist dasselbe Buch ein anderes.

OTTO LUDWIG

Sei ein demütiger Leser! Sei kein schneller und voreiliger Richter, denn es ist eine schwer auszumachende Sache!

MARTIN LUTHER

Nicht viel lesen, sondern gut Ding viel und oft lesen macht fromm und klug.

MARTIN LUTHER

Manche Bücher muß man kosten, andere verschlingen, und nur einige wenige kauen und verdauen.

THOMAS BABINGTON MACAULAY

Wenn der Abend kommt, dann kehre ich nach Hause zurück und begebe mich in mein Studierzimmer. Auf der Schwelle streife ich den Bauernkittel ab, der ganz bedeckt ist mit Schmutz und Dreck, kleide mich in prunkende Hofgewänder, und also würdig angetan betrete ich die ehrfurchtgebietenden Paläste der antiken Autoren. Gütig aufgenommen, nähre ich mich dort von jener Speise, die allein die meinige ist, für die ich geboren ward. Ich scheue mich nicht, sie anzureden, nach den Gründen ihrer Handlungsweise zu forschen, und freundlich geben sie mir Bescheid. Vier Stunden lang empfinde ich keine Langeweile, vergesse allen Kummer, fürchte keine Armut, und der Tod sogar erschreckt mich nicht, so gänzlich bin ich im Banne der Alten.

NICCOLO MACCHIAVELLI

Bücher sind nur Bazillen. Die Krankheit sitzt in der Gesinnung.

JOSEF NADLER

Der Deutsche liest nicht laut, nicht fürs Ohr: er hat seine Ohren dabei ins Schubfach gelegt.

FRIEDRICH NIETZSCHE

Der Wert eines Buches beruht für den Leser nicht allein auf seiner objektiven Bedeutung, sondern ebensosehr darauf, daß es im rechten Augenblick ihm in die Hände kommt. Das an sich wertvollste Buch, verfrüht gelesen, kann zum größten Hemmnis werden, zur Sache zu kommen.

FRIEDRICH PAULSEN

Auf wieviel Arten können wir lesen – und alle Arten sind wohltätig! Wir können lesen, um uns zu zerstreuen, und können es, um uns zu sammeln.

REINHARD PIPER

Man soll nur Bücher lesen, vor denen man in den großen Krisen des Lebens keinen Ekel empfindet.

WILHELM RAABE

Mit der Zeit steht in einem Buche das Zehnfache von dem, was es wirklich gedruckt enthält; ich lese meine eigenen Erinnerungen und Gedanken immer wieder mit.

RAINER MARIA RILKE

Wir sollten Bücher wie Leckerbissen ansehen und nicht nur nach dem greifen, was uns am meisten reizt, sondern hauptsächlich auf das achten, was am gesundesten ist; nicht, als ob wir auf jenes ganz zu verzichten brauchten, aber dieses ist doch bei weitem vorzuziehen.

PLUTARCH

Erst durch das Lesen lernt man, wieviel man ungelesen lassen kann.

WILHELM RAABE

Ein anspruchsvolles Buch will im Zusammenhang gelesen sein.

FRIEDRICH RÜCKERT

Den guten Mann erkennst du an seinem liebsten Buche und an der Art, wie er's liest.

JOHANN MICHAEL SAILER

Der kann im vollen Ernste sagen,
Daß er ein gutes Buch genießt,
Der drin noch sinnend weiter liest,
Wenn er es lange zugeschlagen.

FRIDA SCHANZ

Jeder Schriftsteller von Verdienst hat in der lesenden Welt seinen eigenen Kreis, und selbst der am meisten gelesene hat nur einen größeren Kreis in derselben. Soweit ist es noch nicht mit der Kultur der Deutschen gekommen, daß sich das, was den Besten gefällt, in jedermanns Hände finden sollte.

FRIEDRICH VON SCHILLER

Die Gründlichen lesen oft zu kaufmännisch. Sie sind unzufrieden mit einer Schrift, wenn sie nicht am Ende sagen können: Valuta bar und richtig empfangen.

FRIEDRICH SCHLEGEL

Es wäre gut Bücher kaufen, wenn man die Zeit, sie zu lesen, mitkaufen könnte, aber man verwechselt meistens den Ankauf der Bücher mit dem Aneignen des Inhalts.

ARTHUR SCHOPENHAUER

Je höher ein Buch, desto mehr muß der Leser dazu mitbringen; freilich wiegt dann dieser Leser ganze Königreiche auf.

ADALBERT STIFTER

Zu verlangen, daß einer alles, was er je gelesen, behalten haben sollte, ist wie verlangen, daß er alles, was er je gegessen hat, noch in sich trage. Er hat von diesem leiblich, von jenem geistig gelebt und ist geworden, was er ist.

ARTHUR SCHOPENHAUER

Es ist nicht nur schwer, ein gutes Buch zu schreiben, sondern, es auch gut zu lesen. Wer gut zu lesen weiß, ist nahe daran, auch gut zu leben, sogar gut zu sein.

OTTO STOESSL

Nicht Inhalt und nicht Einband macht das Buch dir wert,
So du es hältst im Schrank verwahrt und unversehrt.
Acht seines stillen Blicks, hör seiner Stimme Hauch:
Des Buches Sinn und Wert liegt einzig im Gebrauch.

K. J. TREUENFELS

Fast alle Bücher, die ich schätze, und jedenfalls alle, die mir irgendwie von Nutzen waren, sind ziemlich schwierig zu lesende Bücher. Der Gedanke kann sie beiseitelegen, aber er kann sie nicht überfliegen. Die einen gereichten mir zum Gewinn, obwohl sie schwierig waren; die anderen, weil sie es waren.

PAUL VALÉRY

Die Leichtigkeit des Lesens hat sich im Schrifttum eingebürgert, seitdem die allgemeine Hast und die Zeitschriften, die diese Bewegung beschleunigen oder anspornen, zur Herrschaft gelangt sind. Die Kunst, mit Muße und in Abgeschiedenheit zu lesen und dabei wohlweislich die Unterscheidungen zu treffen, eine Kunst, die ehedem der Zähigkeit und dem Eifer des Schriftstellers dank einer gleichwertigen Gespanntheit und Geduld entsprach, geht verloren: sie ist verloren.

PAUL VALÉRY

Das schlechteste Buch ist nicht so schlecht wie die völlige Gleichgültigkeit, die überhaupt nie ein Buch zur Hand nimmt.

ROBERT WALSER

Der wahre Leser vereinigt zwei Eigenschaften von anscheinender Gegensätzlichkeit in sich, nämlich von Reife und Unschuld.

JAKOB WASSERMANN

Wahrlich, wahrlich! ich sage euch, geht mit dem Lesen etymologisch um — legere bedeutet auswählen.

KARL JULIUS WEBER

Wenn man paradox sein wollte, könnte man sagen: den höchsten Genuß eines kostbaren Buches hat gar nicht der Besitzer, sondern der Kenner. Besitzer, Kenner und Liebhaber sind nicht immer dasselbe.

JULIUS ZEITLER

13. ZWEIMAL LESEN

Es ist mit den Büchern, die man in jungen Jahren gelesen hat und jetzt im Alter wieder vornimmt, wie mit den Menschen, mit denen man in früheren Perioden beisammen war und denen man jetzt wieder begegnet. Da sind einzelne Züge und Eigentümlichkeiten, die man jetzt besser versteht und schätzt, oder vieles, was einem nun ganz und gar nicht gefallen will.

HANS CHRISTIAN ANDERSEN

Ein schönes Buch nicht wieder lesen, weil man es schon gelesen hat, das ist, als ob man einen teuren Freund nicht wieder besuchen würde, weil man ihn schon kennt. Übrigens – ein gutes Buch, einen guten Freund, die lernt man nicht aus. Ein weises Buch ist ebenso unergründlich wie ein großes Menschenherz.

MARIE VON EBNER-ESCHENBACH

Seit meinem 24. Lebensjahre habe ich alles, was ich geschrieben und gelesen habe, wiederholt. Ich fahre sehr gut damit; ich vergegenwärtige mir dadurch meine Lektüre wieder und kann mit gültiger Münze zahlen, wenn man mich nach dem Inhalt fragt. Meine Methode verschafft mir außerdem das Vergnügen, zu sehen, wie mein Urteil und Geschmack vollkommen werden; was mir von meinem Lesestoff gefallen hat, erscheint mir oft nach einigen Jahren unerhört langweilig. Ich habe vielleicht mehr gelesen als alle Benediktiner zusammen, obwohl mein Vater durchaus nicht wollte, daß ich ein Leser wurde; er wollte, ich solle Soldat werden, aber er hat es sich nicht träumen lassen, daß ich es eines Tages als Leser in dem Maße würde wie jetzt.

FRIEDRICH DER GROSSE

Es ist eine alte köstliche Regel, daß man, um sich zu bilden, wenig Gutes, und dieses Gute oft und immer wieder lesen sollte.

GEORG GOTTFRIED GERVINUS

Wenn ich ein gutes Buch zum ersten Male lese, dann ist mir gerade, als ob ich einen neuen Freund erwürbe, und wenn ich ein Buch wiederlese, das ich schon kenne, als ob ich einen alten Freund wiederträfe.

OLIVER GOLDSMITH

Nichts ist wohltuender, als zu einem trefflichen Buch nach einiger Zeit zurückzukommen, weil man mit dem mittlerweile Gelernten seine Trefflichkeit immer mehr begreifen lernt.

JAKOB GRIMM

Was in der Zeiten Bildersaal
Jemals ist trefflich gewesen,
Das wird immer einer einmal
Wieder auffrischen und lesen.

JOHANN WOLFGANG VON GOETHE

Wiederholen alter Lektüre ist der sicherste Probierstein gewonnener weiterer Bildung.

CHRISTIAN FRIEDRICH HEBBEL

Wir sollten gewisse Bücher mehrmals lesen, ehe wir darüber sprechen. Etwa einmal im Winter, einmal im Sommer – und manche noch in ganz anderen Intervallen. Was wir dann über sie zu sagen hätten, würde vermutlich ebensoviel besser sein. Und uns selbst würde solche Selbstzucht nicht nur zu besseren Lesern, sondern zugleich zu besseren Menschen machen.

CHRISTIAN MORGENSTERN

Manch art'ges Büchlein läßt sich einmal lesen,
Zu dem der Leser niemals wiederkehrt;
Doch was nicht zweimal lesenswert gewesen,
Das war nicht einmal lesenswert.

FRIEDRICH RÜCKERT

Repetitio est mater studiosum. Jedes irgend wichtige Buch soll man sogleich zweimal lesen, teils weil man die Sachen das zweite Mal in ihrem Zusammenhang besser begreift, und den Anfang erst recht versteht, wenn man das Ende kennt; teils weil man zu jeder Stelle das zweite Mal eine andere Stimmung und Laune mitbringt als beim ersten, wodurch der Eindruck verschieden ausfällt und es ist, wie wenn man einen Gegenstand in anderer Beleuchtung sieht.

ARTHUR SCHOPENHAUER

Ein Beweis dafür, daß man ein Buch lange im Auge behalten muß, um mit Recht behaupten zu können: ich habe es gelesen, ist die Tatsache, daß einem regsamen Gebildeten von den zwei- bis dreitausend Bänden, die er gelesen haben kann, kaum mehr bleibt, als einem französischen Marquis von den Ländern, über die er mit der Postkutsche hinweggeglitten ist.

MARIE JEAN HÉRAULT DE SÉCHELLES

Mein Grundsatz ist stets gewesen: nicht möglichst viel, sondern möglichst wenig zu lesen. Wenn man nicht jung stirbt, summiert sich's nach und nach. Die Hauptsache ist der unmittelbare Verkehr mit den großen Genies; das allein klärt wirklich auf und gibt Sicherheit im Urteil. Nicht auf ihre Meinungen kommt es an, sondern auf ihre Persönlichkeit; durch sie wird man frei, und das heißt kultiviert.

HOUSTON STEWART CHAMBERLAIN

Wie mein Geschmack sich unter dem Einflusse einer anderen, zu geistiger Regsamkeit mehr aufmunternden Umgebung entwickelt hätte, kann ich nicht beurteilen; doch glaube ich, der Zug, der sich bei mir zeigte, – nämlich die Neigung, die Bücher eher als Sprungbrett zu Träumereien zu benutzen denn als eigentlicher Bücherwurm sie in Mengen zu verzehren –, muß ein mir angeborener gewesen sein ... Die wenigen Bücher, die ich liebte, las ich immer wieder und wieder, und es kostet mich Überwindung, mich in neuen zurechtzufinden.

HOUSTON STEWART CHAMBERLAIN

Wenig und gut lesen ist großen Köpfen eigen.

THEODOR GOTTLIEB VON HIPPEL

Es gibt nur eine vollkommene Art zu lesen: Fletschern, oder, wie Emile Faguet es ausgedrückt hat: »Pour apprendre à lire, il faut d'abord lire très lentement et ensuite il faut lire très lentement et toujours, jusqu'au dernier livre qui aura l'honneur d'être lu par vous, il faudra lire très lentement.«

JOSEF HOFMILLER

Reich sind wir an trefflichen Büchern, an solchen, die jeder Deutsche lesen, wieder lesen, immer lesen, auswendig behalten sollte. »Denn viele Bücher machen nicht gelehrt, viel lesen tut es auch nicht, sondern gut Ding und oft lesen, das macht gelehrt und fromm dazu«, ist Luthers Leseregel, die mit goldenen Buchstaben auf dem Aushängeschild jeder Bücherleihe prangen müßte.

FRIEDRICH LUDWIG JAHN

Ein Buch, das nicht wert ist, zweimal gelesen zu werden, ist auch nicht würdig, daß man's einmal liest.

JEAN PAUL

Es hat jemand mit großem Grund der Wahrheit behauptet, daß die Buchdruckerei

Gelehrsamkeit zwar mehr ausbreitet, aber im Gehalt vermindert hätte. Das viele Lesen ist dem Denken schädlich.

GEORG CHRISTOPH LICHTENBERG

Viel muß man lesen, nicht vielerlei. Ich meine nicht vieles, sondern viel: ein weniges, aber mit Fleiß.

GOTTHOLD EPHRAIM LESSING

Das viele Lesen hat uns eine gelehrte Barbarei zugezogen.

GEORG CHRISTOPH LICHTENBERG

Man lese nicht viel und nur das Beste, langsam und befrage sich alle Schritte: warum glaube ich dieses? Folgt es aus meinem übrigen Gedankensystem oder ist es nur aus Trägheit, zur Untersuchung, durch Vorurteil, fides implicita, und dergleichen angeplackt worden?

GEORG CHRISTOPH LICHTENBERG

Sonst nehme ich meine Zuflucht fast immer zu denselben Büchern – einer kleinen Zahl im Grunde –, den gerade für mich bewiesenen Büchern. Es liegt vielleicht nicht in meiner Art, viel und vielerlei zu lesen: ein Lesezimmer macht mich krank.

FRIEDRICH NIETZSCHE

Man las weniger *(um 1860)*, aber man stand auf einem vertrauten Fuß mit diesem wenigen, man kehrte öfters dazu zurück, Bücher wurden Freunde, Lebensgefährten.

FRIEDRICH RATZEL

Grade weil dir alle sagen,
Ganz notwendig sei zu lesen
Dieses Büchlein, lies es nicht;
Und du siehst nach vierzehn Tagen,
Wie notwendig es gewesen,
Wann kein Mensch davon mehr spricht.

FRIEDRICH RÜCKERT

Unglaublich ist doch die Torheit und Verkehrtheit des Publikums, welches die edelsten, seltensten Geister in jeder Art, aus allen Zeiten und Ländern, ungelesen läßt, um die täglich erscheinenden Schreibereien der Alltagsköpfe, wie sie jedes Jahr in zahlloser Menge den Fliegen gleich ausbrütet, zu lesen, bloß, weil sie heute gedruckt und noch naß von der Presse sind.

ARTHUR SCHOPENHAUER

Wer sehr viel und fast den ganzen Tag liest, verliert allmählich die Fähigkeit, selbst zu denken, – wie einer, der immer reitet, zuletzt das Gehen verlernt. Solches aber ist der Fall sehr vieler Gelehrter: sie haben sich dumm gelesen.

ARTHUR SCHOPENHAUER

Lesen heißt, mit einem fremden Kopf statt des eigenen denken. Nun ist aber dem eigenen Denken, aus welchem allemal ein zusammenhängendes Ganzes, ein, wenn auch nicht streng abgeschlossenes System sich zu entwickeln trachtet, nichts nachteiliger als ein vermöge beständigen Lesens zu starker Zustrom von Gedanken.

ARTHUR SCHOPENHAUER

Das viele Lesen nimmt dem Geist alle Elastizität, wie ein fortdauernd drückendes Gewicht sie einer Springfeder nimmt, und ist, um keine eigenen Gedanken zu haben, das sicherste Mittel, daß man in jeder freien Minute sogleich ein Buch zur Hand nimmt.

ARTHUR SCHOPENHAUER

15. TRÜBE WASSER

Bücher sind eine schöne Sache, aber wenn der Bücherwurm bloß nagt, ohne zu verdauen, so wird doch nur eine gelehrte Motte daraus, die sich am nächsten Licht die Flügel verbrennt.

CHRISTIAN E. GRAF BENTZEL-STERNAU

Schriftsteller, die ihrem Weltbild sprachlich nicht gewachsen sind, nennt man in Deutschland Seher.

GOTTFRIED BENN

Manche Leute, die viele Bücher konsumiert haben, tun sich etwas zugute auf ihre geistige Stärke, dabei ist es nur geistige Korpulenz.

FRITZ VON BRIESEN

Lectio, sine meditatione, arida est; meditatio, sine lectione, erronea.
Lesen ohne Nachdenken macht stumpf, Nachdenken ohne Lesen geht irre.

BERNHARD VON CLAIRVAUX

Findet ein Buch sogleich bei seiner Erscheinung einen kompetenten Richter, so ist dies der treffende Beweis, daß dieses Buch ebensowohl auch hätte ungeschrieben bleiben können.

JOHANN GOTTLIEB FICHTE

Es ist ein sicheres Zeichen eines kleinen Geistes, während er etwas vorhat, zugleich an etwas anderes, oder gar nichts zu denken. Man soll stets an das denken, was man tut. Wenn man lernt, soll man nicht an das Spiel denken, und beim Spiel nicht an das Lernen. Gibst du nicht auf dein Buch Achtung, indem du darin liesest, so entsteht daraus doppelte Mühe, denn du mußt das alles noch einmal lesen.

PHILIPP D. ST. GRAF VON CHESTERFIELD

Zehn alte Bücher auf den Tisch
Und mehr als eine gute Feder,
Und eines Hoblers Faust, mit gutem Seehundsleder
Bezogen um und um, zur Arbeit frisch und flink
und täglich, abends nur, schlaftrunken abgeschrieben
aus jedem alten Buch ein halbes und ein Blatt:
Das ist's, was man, ihr meine Lieben,
Zum elften nötig hat.

JOHANN WILHELM LUDWIG GLEIM

Es gibt Werke, die Null sind, ohne schlecht zu sein.

JOHANN WOLFGANG VON GOETHE

Es gibt Bücher, durch welche man alles erfährt und doch zuletzt von der Sache nichts begreift.

JOHANN WOLFGANG VON GOETHE

Gewisse Bücher scheinen geschrieben zu sein, nicht, damit man draus lerne, sondern damit man wisse, daß der Verfasser etwas gewußt hat.

JOHANN WOLFGANG VON GOETHE

Wahrhaftig, der Umgang mit schlechten Büchern ist oft gefährlicher als mit schlechten Menschen.

WILHELM HAUFF

Die sogenannten Verständigen, die Weltleute, lesen bloß aus Langeweile. Wenn sie das Buch gelesen haben, so haben sie's gelesen. Und damit ist's aus.

WILHELM HEINSE

Wer bloß schöne Literatur mag und nicht auch schwere; wer bloß eigene Literatur kennt und nicht auch fremde; wer bloß neue Literatur liest und nicht auch alte —: der wird sich nie bilden.

JOSEF HOFMILLER

Wenn ein Buch weder dem Geiste zu nützlichen Betrachtungen, noch dem Herzen zu guten Entschließungen Gelegenheit gibt, ist es ein unnützes Buch.

GOTTHOLD EPHRAIM LESSING

Nur immer unter Büchern vergraben sein, dünkt mich wenig besser als im eigentlichen Verstande begraben zu sein.

GOTTHOLD EPHRAIM LESSING

Galle, Ungerechtigkeit und Ausschweifung haben nie ein Buch um die Leser gebracht, wohl aber manchem Buche zu Lesern verholfen.

GOTTHOLD EPHRAIM LESSING

O wahrhaftig, das schlechte Buch ist rar, in welches sich gar nichts Gutes, auch nicht von ungefähr, eingeschlichen hätte!

GOTTHOLD EPHRAIM LESSING

Die Gefahr eines Buches hängt ab vom Umfang seines Gebrauches. Die größte Gefahr liegt in dem Buche, das den meisten Kreisen zugänglich ist, dem Volke, der Jugend. Es vermag die Volksseele zu erheben oder zu vergiften, die Jugend zu leiten oder zu verwirren. Wer das Buch in der Öffentlichkeit verwaltet, mag wohl zusehen, welchem Buch er den Weg ebnet, und welchem er ihn zu verschließen hat.

HEINRICH LHOTZKY

Es gibt wirklich sehr viele Menschen, die bloß lesen, damit sie nicht zu denken brauchen.

GEORG CHRISTOPH LICHTENBERG

Schlechte Bücher taugen auch,
guten zu der Gegenprobe:
Finst'res macht, daß jedermann
desto mehr das Lichte lobe.

FRIEDRICH VON LOGAU

Manchen Menschen würden Weihnachtskataloge, Zeitungsannoncen und zu Mundwassern, Seife, Thermosflaschen, Petroleumöfen usw. beigepackte Erklärungen und Referate für lebenslängliche Lektüre völlig genügen.

CHRISTIAN MORGENSTERN

Allerwelts-Bücher sind immer übel riechende Bücher:
der Kleine-Leute-Geruch klebt daran.

FRIEDRICH NIETZSCHE

Die schlechtesten Leser sind die, welche wie plündernde Soldaten verfahren: sie nehmen sich einiges, was sie brauchen können, heraus, beschmutzen und verwirren das übrige und lästern auf das Ganze.

FRIEDRICH NIETZSCHE

Das süße Zeug ohne Saft und Kraft!
Es hat mir all mein Gedärm erschlafft.
Mir ward ganz übel, mauserig, dumm,
ich sah mich schnell nach was Tüchtigem um.
Lief in den Garten hinterm Haus,
zog einen herzhaften Rettich aus,
fraß ihn auch auf bis auf den Schwanz,
da war ich wieder frisch und genesen ganz.

EDUARD MÖRIKE

Die empfindsamen Romane gehören ins medizinische Fach zu den Krankheitsgeschichten.

NOVALIS

»Uns friert, und das Holz wird auch in unserem Hain«,
So sprach der Musen Chor, »allmählich teuer.«
»Heizt«, sprach Apoll, »mit schlechten Versen ein,
So habt ihr ewig Feuer.«

GOTTLIEB KONRAD PFEFFEL

An die Töchter
Leset bi Liewe nicht in den godlosen, lichtförtigen Bökern, da so voll Sünnen inne steckt, dat will ich durchut nich habben und is uk nich nötig; denn dei juck *(Euch)* von unsern Herrn God bescheert is, dei schull juck woll woren, dat ju in dei Bökern nich tau lesen bedürwet, denn ut solchen Bökern komt arge Gedanken un ut dei Gedanken komt böse Daten.

FREIFRAU VON QUITZOW

Ein böses Buch ist, das durchaus dir nicht gefällt,
Und gleichwohl etwas hat, womit es fest dich hält.

FRIEDRICH RÜCKERT

Schwierige und pomphafte Phrasen verhüllen winzige, nüchterne oder alltägliche Gedanken; demjenigen gleich, der, weil ihm die Majestät der Schönheit abgeht, unter barbarischen Putz, Flitter, Federn, Krausen, Puffen und Mantel die Winzigkeit oder Häßlichkeit seiner Person zu verstecken sucht. So verlegen wie dieser, wenn er nackt gehen sollte, wäre mancher Autor, wenn man ihn zwänge, sein so pomphaftes, dunkles Buch in dessen kleinen, klaren Inhalt zu übersetzen.

ARTHUR SCHOPENHAUER

Vom Schlechten kann man nie zu wenig und das Gute nie zu oft lesen: schlechte Bücher sind intellektuelles Gift, sie verderben den Geist. Um das Gute zu lesen, ist eine Bedingung, daß man das Schlechte nicht lese: denn das Leben ist kurz, Zeit und Kräfte beschränkt.

ARTHUR SCHOPENHAUER

Manche Bücher haben nur einen berühmten Namen, im übrigen sind sie ohne Lebenskraft. Sie stellen Sätze auf, geben Erörterungen, Sophismen – Mut machen sie nicht; haben sie doch selber keinen.

LUCIUS ANNAEUS SENECA

Die Eigenschaft des Gehirns, alles Denkbare denken zu können, ja zu müssen, macht das Buch so gefährlich vieldeutig, und jeder Leser müßte die Widersprüche, die Widerlegung, das Gegenteil, das Verschwiegene, das absichtlich Unterdrückte mitdenken können, aber er bringt dem Buch nicht mehr Verstand und Widerstand entgegen, als dem Leben, wo man in Konventionen, in vorgelegten Geleisen der Gewohnheit mit »Gesinnungen« also nach Geschmack denkt und danach handelt.

OTTO STOESSL

Der Beifall, der den schlechten Büchern gezollt wird, ist den Fortschritten des menschlichen Geistes ebenso hinderlich, wie das Toben gegen die guten.

F. M. AROUET DE VOLTAIRE

Das schlechteste Buch verschleiert das Bild der Welt, verwirrt das Getriebe des Lebens, es ist ein Verführer, nicht ein Liebender, es gibt nur Surrogate des Glücks, und sein Leser läßt sich durch den Schein und das Symbol betrügen, so daß er sich um so leerer und unbefriedigter findet, je stärker der Rausch gewesen ist.

JAKOB WASSERMANN

Große Bücher sind wie Seen, man kann da die ganze Nacht fischen und nichts fangen, kleine wie Bäche, abgeschlagen, und man darf nur zugreifen.

KARL JULIUS WEBER

Lesen und Lernen ist ein halbes Müßiggehen, das die Leere der Zeit nur halb ausstopft; man muß selber schaffen.

ADALBERT VON CHAMISSO

Vieles steht doch in den Büchern gar nicht oder doch nur für den, der das Analogon im Leben angetroffen hat.

ADALBERT VON CHAMISSO

Das Leben ist überall die beste und gründlichste Lehrmeisterin; Bücher können nur einzelne Fingerzeige geben.

JOSEF FREIHERR VON EICHENDORFF

Das Leben lehrt besser als Wort und Buch, und mit der Not macht man so wenig Umstände, wie sie mit uns.

JOSEPH VON GÖRRES

Nicht aus Büchern, sondern durch lebendigen Ideenaustausch, durch heitere Geselligkeit müßt ihr lernen.

JOHANN WOLFGANG VON GOETHE

Wir verdanken dem Bücherdruck und der Freiheit desselben undenkbaren Nutzen; aber noch einen schöneren Nutzen, der zugleich mit der höchsten Zufriedenheit verknüpft ist, danken wir dem lebendigen Umgang mit unterrichteten Menschen und der Freimütigkeit dieses Umgangs.

JOHANN WOLFGANG VON GOETHE

Wer mit Mühe viel Bücher durchblättert hat, verachtet das leichte, einfältige Buch der Natur; und es ist doch nichts wahr, als was einfältig ist.

JOHANN WOLFGANG VON GOETHE

Mir leuchtet es immer mehr und mehr ein, daß die Bücher schlechte Sittenlehrer sind. Was wahr ist, sagen sie uns wohl, auch wohl was gut ist; aber es dringt in die Seele nicht ein. Einen Lehrer gibt es, der ist vortrefflich, wenn wir ihn verstehen: es ist die Natur.

HEINRICH VON KLEIST

Ich lernte einsehen, die Bücher würden mich wohl gelehrt, aber nimmermehr zu einem Menschen machen.

GOTTHOLD EPHRAIM LESSING

 Es ist bei uns nicht erkannt, daß das Ideal nicht aus Büchern, sondern in Personen erfaßt wird, aus Büchern nur, sofern diese inspiriert, das heißt, der Ausdruck einer Persönlichkeit sind.

PAUL DE LAGARDE

Lesebuch

Wunderlichstes Buch der Bücher
Ist das Buch der Liebe;
Aufmerksam hab ichs gelesen:
Wenig Blätter Freuden,
Ganze Hefte Leiden;
Einen Abschnitt macht die Trennung.
Wiedersehn! ein klein Kapitel,
Fragmentarisch. Bände Kummers,
Mit Erklärungen verlängert,
Endlos, ohne Maß.
O Nisami! – Doch am Ende
Hast den rechten Weg gefunden;
Unaufhörliches, wer löst es?
Liebende, sich wiederfindend.

JOHANN WOLFGANG VON GOETHE

Es ist notwendiger, die Bücher zu studieren, als die Bücher.

F. DE LA ROCHEFOUCAULD

Es ist schade, daß man bei manchen Schriftstellern die gelehrten Eingeweide nicht sehen kann, um zu erforschen, was sie gegessen haben.

GEORG CHRISTOPH LICHTENBERG

Es ist bezeichnend, daß ein Mensch, der in seinem Sessel sitzend einen Gedanken spinnt, für müßig gilt. Würde er dagegen in einem Fachbuche lesend gefunden, wagte man nicht, ihn zu stören. – Nämlich: Die Arbeit, eigenen Gedanken zu folgen, ist zu wenig bekannt.

HERMANN NEUBERT

Durch Worte herrschen wir über den ganzen Erdkreis; durch Worte erhandeln wir uns mit leichter Mühe alle Schätze der Erde. Nur das Unsichtbare, das über uns schwebt, ziehen Worte nicht in unser Gemüt herab.

HEINRICH WACKENRODER

Ist doch überhaupt der Dichter der allgemeine Mensch: Alles, was irgend eines Menschen Herz bewegt hat, und was die menschliche Natur, in irgend einer Lage, aus sich hervortreibt, was irgend wo in einer Menschenbrust wohnt und brütet, - ist sein Thema und sein Stoff; wie daneben auch die ganze übrige Natur. Daher kann der Dichter so gut die Wollust wie die Mystik besingen, Anakreon oder Angelus Silesius seyn, Tragödien oder Komödien schreiben, die erhabene oder die gemeine Gesinnung darstellen, - nach Laune und Beruf. Demnach darf niemand dem Dichter vorschreiben, daß er edel und erhaben, moralisch fromm, christlich oder Dies oder Das seyn soll, noch weniger ihm vorwerfen, daß er Dies und nicht Jenes sei. Er ist der Spiegel der Menschheit und bringt ihr, was sie fühlt und treibt, zum Bewußtseyn.

ARTHUR SCHOPENHAUER

›III‹

17. VON WELTSCRIBENTEN UND POETEN

Die wahre Originalität eines Schriftstellers besteht in der Kunst, so zu arbeiten, daß alles, was er berührt, ihm für immer anzugehören scheint.

GABRIELE D'ANNUNZIO

Kein Schriftsteller vermag so objektiv zu sein, daß er sich ganz aus seinen Schriften verliert.

LUDWIG ANZENGRUBER

Ein Schriftsteller, der seine Werke in einer wohlgeordneten Gesamtausgabe vor sich liegen hat, gleicht einem kinderreichen Vater, der noch bei seinen Lebzeiten alle seine Söhne und Töchter anständig versorgt und verheiratet hat.

MAX KARL BALDAMUS

Wer über einen Gegenstand schreibt, sollte so schreiben, als bliebe über diesen Gegenstand künftig nur diese seine Schrift übrig.

ERNST BERTRAM

Der Drang zur Mitteilung ist oft eher da als das Mitzuteilende.
Du, wisse das und warte.
Die Form muß eher zu schwingen beginnen als der Sinn.
Aber der Sinn muß eher da sein als die Form: er bildet die Form.
Es singe in dir, ehe du singst. Sonst sprichst du nur.

ERNST BERTRAM

Die Alten sind uns Neuern überlegen
Im Büchermachen. Wißt ihr auch warum?
Die Alten schrieben nicht des Geldes wegen,
Und druckten nicht für's Publikum.

JENS BAGGESEN

Es gereicht manchen Menschen zu Ruhm und Verdienst, daß sie gut schreiben, – andern, daß sie gar nicht schreiben.

JEAN DE LA BRUYERE

Wo sich der Dichter versteigt ins Unendliche,
Leg sein Liederbuch schnell aus der Hand;
Vieles, gemeinem Verstand Unverständliche
Hat seinen Urquell im Unverstand.

FRIEDRICH VON BODENSTEDT

Bücher machen ist ein Handwerk wie Uhren machen, und zu einem Schriftsteller gehört mehr als nur Geist.

JEAN DE LA BRUYERE

Die Literatur wird heutzutage meist als ein Kunsthandwerk betrieben.

MARIE VON EBNER-ESCHENBACH

Die Aufgabe vieler Dichtergenerationen ist keine andere, als das Werkzeug blank zu erhalten.

MARIE VON EBNER-ESCHENBACH

Es schreibt keiner wie ein Gott, der nicht gelitten hat wie ein Hund.

MARIE VON EBNER-ESCHENBACH

Manuskripte vermodern im Schrank oder reifen darin.

MARIE VON EBNER-ESCHENBACH

Jeder Dichter und alle ehrlichen Dilettanten schreiben mit ihrem Herzblut – aber wie diese Flüssigkeit beschaffen ist, darauf kommt es an.

MARIE VON EBNER-ESCHENBACH

Bescheidenheit

Auf das Wohlsein der Poeten,
die nicht schillern und nicht goethen,
durch die Welt in Lust und Nöten
segeln frisch auf eig'nen Böten!

JOSEF FREIHERR VON EICHENDORFF

Talent allein macht noch keinen Schriftsteller. Hinter dem Buch muß auch ein Mann stehen.

RALPH WALDO EMERSON

Wer durchaus Schriftsteller werden muß, der werd' es; er wird schließlich in dem Gefühl, an der ihm einzig passenden Stelle zu stehen, auch seinen Trost, ja, sein Glück finden. Aber wer nicht ganz dafür geboren ist, der bleibe davon.

THEODOR FONTANE

. . . »Und sein Metier?«
»Schriftsteller, Majestät. Ich mache Verse!«
Der König lächelte: »Nun, hör' Er, Herr,
Ich will's ihm glauben; keiner ist der Tor,
Sich dieses Zeichens ohne Not zu rühmen,
Dergleichen sagt nur, wer es sagen muß,
Der Spott ist sicher, zweifelhaft das andere.«

THEODOR FONTANE

Die echten Schriftsteller sind Gewissensbisse der Menschheit.

LUDWIG FEUERBACH

Ohne Ehrgeiz ist kein Dichter möglich.

FERDINAND FREILIGRATH

Mein Unglück ist nur, ich stecke in einem schlechten Geschäft. Ich muß sehen, daß ich aus der Literatur herauskomme.

GUSTAV FREYTAG

Jungen Dichtern: Ihr tut euch Unrecht, eure Werke zu früh zu veröffentlichen. Denn ganz bald werdet ihr bereuen, daß ihr eure liebsten Gedanken, wie ihr sie vielleicht nie größer fassen werdet, in einer ungenügenden Form bereits verraten habt.

STEFAN GEORGE

Weltscribenten und Poeten
Haben ihren Glanz und Schein –
Mögen auch zu lesen sein,
Wenn wir leben außer Nöten.

PAUL GERHARDT

Nehmt nur mein Leben hin in Bausch
Und Bogen, wie ich's führe:
Andre verschlafen ihren Rausch,
Meiner steht auf dem Papiere.

JOHANN WOLFGANG VON GOETHE

 Meiner Ansicht nach besteht der Grundfehler der heutigen Dichter und Schriftsteller in der Ungeduld: Brächten sie es fertig, zu warten, dann würde sich der Stoff zu ihren Werken in ihren Köpfen selbst verdichten, sich von allem Unnützen befreien, natürlich in die Höhe schießen wie ein Baum. Doch was tun sie statt dessen? Schnell – schnell bringen sie alles zu Papier.

ANDRÉ GIDE

Das ist ein Vorzug, den die Leute haben, die nicht schreiben, sie kompromittieren sich nicht.

JOHANN WOLFGANG VON GOETHE

Ein Autor, der sich raten läßt, ist eine seltene Erscheinung.

JOHANN WOLFGANG VON GOETHE

Sowie ein Dichter politisch wirken will, muß er sich einer Partei hingeben; und sowie er dieses tut, ist er als Poet verdorben; er muß seinem freien Geiste, seinem unbefangenen Überblick Lebewohl sagen und dagegen die Kappe der Borniertheit und des blinden Hasses über die Ohren ziehen.

JOHANN WOLFGANG VON GOETHE

Mit Recht soll der reale Witz
Urenkeln sich erneuern:
Es ist ein irdischer Besitz,
Muß ich ihn doch versteuern.

JOHANN WOLFGANG VON GOETHE

Selbsterkenntnis ist und bleibt das Geheimnis echter Autorschaft.

LUDWIG HAMANN

Ein Schriftsteller, der eilt, heute und morgen verstanden zu werden, läuft Gefahr, übermorgen vergessen zu sein.

LUDWIG HAMANN

Niemand schreibt, der nicht seine Selbstbiographie schriebe, und dann am besten, wenn er am wenigsten darum weiß.

CHRISTIAN FRIEDRICH HEBBEL

Ein Schriftsteller ist nur soviel wert, als er über seiner Zeit steht, denn nur dies ist sein Eigentum.

CHRISTIAN FRIEDRICH HEBBEL

Hätte ich allzeit nach Herzenslust lesen können, würde ich nicht so viele schlechte Bücher geschrieben haben. Aber da meine Augen das Schreiben viel länger aushalten als das Lesen, griff ich eben so oft nach der Feder und schrieb.

HEINRICH HANSJAKOB

Die geistige Zeugung geht, wie die leibliche, am besten im Dunkeln vonstatten, und auch der Dichter erfährt's erst von der Hebamme, ob seine Kinder männlichen oder weiblichen Geschlechts sind.

CHRISTIAN FRIEDRICH HEBBEL

Daß der Dichter so seine Wörtchen klaubt und setzt und auswählt, mitten in einer Welt, die morgen vielleicht zerstört sein wird, das ist genau das gleiche, was die Anemonen und Primeln und andere Blümchen tun, die auf allen Wiesen wachsen.

HERMANN HESSE

Schlechte Schriftsteller sollte man vor, große nach ihren Büchern kennen lernen, um jenen mehr die Bücher, diese mehr den Büchern zu vergeben.

JEAN PAUL

Der Autor ist verpflichtet viel zu reisen, um zu erfahren, was die Erde zu bieten hat. Dann aber müssen die Bilder sich mischen und verflüssigen wie Honig, der aus vielen Blüten eingetragen ist. Nur aus den Elementen der Erinnerung fließt dem Geiste die Nahrung zu.

ERNST JÜNGER

Die Tinte des Gelehrten und das Blut des Märtyrers haben vor dem Himmel gleichen Wert.

KORAN

Schreiben Sie, als ob Ihnen der letzte Tropfen Tinte und der letzte Bogen Papier auf der ganzen Welt zur Verfügung ständen.

DAVID HERBERT LAWRENCE

Die Schriftstellerei ist die widerwärtigste und abgeschmackteste aller Beschäftigungen. Laß' Dich von mir warnen.

GOTTHOLD EPHRAIM LESSING

So sind die Schriftsteller. Das Publikum gibt ihnen einen Finger, und sie nehmen die Hand.

GOTTHOLD EPHRAIM LESSING

 Der Schriftsteller sollte vielleicht, wie der Soldat, weder Ehemann noch Vater sein. Aber wehe dem, der sich auf die Schriftstellerexistenz einschränken wollte! In jüngeren Jahren ist es möglich, bloß für die Kunst zu leben; aber wenn die Momente der Begeisterung seltener werden und unsere Tätigkeit sich mehr auf Geschäfte des Fleißes, des Scharfsinnes, des Geschmacks einschränkt, da wird das Bedürfnis dringender, sich als den Mittelpunkt eines glücklichen, häuslichen Zirkels zu sehen und in der Freude der Wesen, die uns angehören, sich eine neue Quelle von Genuß zu eröffnen.

CHRISTIAN GOTTFRIED KÖRNER

Man muß Künstlern kleine Eitelkeiten verzeihen.

GOTTHOLD EPHRAIM LESSING

Bessern sollen uns alle Gattungen der Poesie. Es ist kläglich, wenn man dieses erst beweisen muß, noch kläglicher ist es, wenn es Dichter gibt, die selbst daran zweifeln.

GOTTHOLD EPHRAIM LESSING

Auch die glücklichste Autorschaft ist das armseligste Handwerk.

GOTTHOLD EPHRAIM LESSING

Bei manchem Werk eines berühmten Mannes möchte ich lieber lesen, was er weggestrichen hat, als was er hat stehen lassen.

GEORG CHRISTOPH LICHTENBERG

Die Vorreden zu manchen Büchern sind deswegen öfters so seltsam geschrieben, weil sie gewöhnlich noch im gelehrten Kindbettfieber geschrieben sind.

GEORG CHRISTOPH LICHTENBERG

In die Welt zu gehen ist deswegen für einen Schriftsteller nötig, nicht sowohl damit er viele Situationen sehe, sondern selbst in viele komme.

GEORG CHRISTOPH LICHTENBERG

Die Form des Gedankens muß dem Dichter schon vorschweben, ehe der Gedanke selbst erscheint.

GEORG CHRISTOPH LICHTENBERG

Unsere Schriftstellerei leidet an der Verknöcherung, die das Metier mit sich bringt. Es gibt bei uns nicht genug Leute, die aus einer reifen Praxis heraus nebenbei ihre Beobachtungen und Gedanken zu Papier bringen.

ALFRED LICHTWARK

Es sind zuverlässig in Deutschland mehr Schriftsteller, als alle vier Erdteile überhaupt zu ihrer Wohlfahrt nötig haben.

GEORG CHRISTOPH LICHTENBERG

Man muß keinem Werk, hauptsächlich keiner Schrift, die Mühe ansehen, die sie gekostet hat. Ein Schriftsteller, der noch von der Nachwelt gelesen sein will, muß es sich nicht verdrießen lassen, Winke zu ganzen Büchern, Gedanken zu Disputationen in irgend einen Winkel eines Kapitels hinzuwerfen, daß man glauben muß, er habe sie zu Tausenden vorzuschmeißen.

GEORG CHRISTOPH LICHTENBERG

Auff einen Bücherschreiber.
Man sihet deinen Schrifften groß Ehr und Sorge geben:
Man läßt sie zierlich binden: worein? In Spinne-Wäben.

FRIEDRICH VON LOGAU

Wer Bücher schreiben will, die wol solln abegehn,
Der seh, das drinnen mag viel zum Lachen stehn.

FRIEDRICH VON LOGAU

Ein starker Faktor meiner Sachen ist die Länge der Zeit (drei, fünf, zehn Jahre), während welcher meine bildende Kraft sich mit ihnen beschäftigt, ganz mühelos, aber unablässig, vegetativ sozusagen, aber doch mit latentem Verstande, durchaus zweckmäßig.

CONRAD FERDINAND MEYER

Wenn ein Schriftsteller sich jederzeit der Macht bewußt wäre, die in seine Hand gegeben ist, würde ein ungeheures Verantwortungsgefühl ihn eher lähmen als beflügeln. Auch das Bescheidenste, was er veröffentlicht, ist Same, den er streut, und der in anderen Seelen aufgeht, je nach seiner Art.

CHRISTIAN MORGENSTERN

Jedem, der seine Gedanken niederlegt, blickt schon im Augenblick des Schreibens ein Größerer über die Schultern, sei es ein Vergangener, Lebendiger oder noch Ungeborener. Wohl dem, der diesen Blick fühlt: er wird sich nie wichtiger nehmen, als ein geistiger Mensch sich nehmen darf.

CHRISTIAN MORGENSTERN

Je größer der Dichter ist, desto weniger Freiheit erlaubt er sich.

NOVALIS

Ich habe nie einsehen mögen, warum mittelmäßige Menschen deshalb aufhören sollten, mittelmäßig zu sein, weil sie schreiben können.

CHRISTIAN MORGENSTERN

Von allem Geschriebenen liebe ich nur das, was einer mit seinem Blute schreibt. Schreibe mit Blut: und du wirst erfahren, daß Blut Geist ist.

FRIEDRICH NIETZSCHE

Die Schriftsteller sind so einseitig wie alle Künstler einer Art – und nur noch hartnäckiger. Unter den Schriftstellern von Profession gibt es gerade auffallend wenig liberale Menschen – besonders, wenn sie gar keine andre Subsistenz als ihre Schriftstellerei haben. Von Schriftstellerei leben, ist ein selbst für echte Geistesbildung und Freiheit höchst gewagtes Unternehmen.

NOVALIS

Ich behandle meine Schriftstellerei nur als Bildungsmittel. Ich lerne etwas mit Sorgfalt durchdenken und bearbeiten – das ist alles, was ich davon verlange. Kömmt der Beifall eines klugen Freundes noch obendrein, so ist meine Erwartung übertroffen. Nach meiner Meinung muß man zur vollendeten Bildung manche Stufen übersteigen – Hofmeister, Professor, Handwerker sollte man eine Zeitlang werden, wie Schriftsteller.

NOVALIS

Zufrieden schaukelt sich in seiner Hängematte
Herr Scribifax, weil er die Gunst der Menge hatte.

BENNO PAPENTRIGK

Der Dichter ist ein Schöpfer lichter Dinge,
Im Trüben fischen nur die Dichterlinge.

BENNO PAPENTRIGK

Bist du beruft ein Buch zu machen, es wird nit versaumt werden, sollts sechzig oder siebzig Jahre ausstohn und noch länger. Gehts in dir umb und empfindests so schnell nit so bäld, es wird nit dohinten bleiben, es wird heraus müssen wie ein Kind von dem Bauch seiner Mutter. Was also herausgeht, das ist fruchtbar und gut, laßts nichts versaumen. Allein folg seiner Lehr und bitt und klopf an.

THEOPHRASTUS PARACELSUS VON HOHENHEIM

Ein deutscher Schriftsteller – ein deutscher Märtyrer.

FRIEDRICH VON SCHILLER

Die Schriftsteller, die sich jetzt auf dem literarischen Markte umhertreiben und durch Künste aller Art den Ton anzugeben verstehen, sind schwerlich geeignet, deutsche Art und Kunst, gründliche Gelehrsamkeit und Wissenschaft zu fördern oder auch nur zu erhalten. In fast allen Zweigen der Literatur herrscht eine schlechte Buchmacherei; die kritischen Institute sind im äußersten Verfall, aber man darf mit Gewißheit annehmen, daß die Nation besser ist als ihre Schriftsteller, und daß sie literarische Bedürfnisse hat, die durch diese keine Befriedigung erhalten.

FRIEDRICH CHRISTOPH PERTHES

Ein Mann, der ein Buch herausgibt, ist wie ein Narr, der die Hand zum Fenster hinausstreckt; jeder Vorübergehende kann darauf schlagen.

KAROLINE PICHLER

Es ist, je mehr man es überlegt, eine schier unerträgliche Sache um Schriftsteller, die beständig die Tür ihres Hauses öffnen, beständig ihre Wohnstube, ihre Kleider, ihr Herz, ihr Denken zur Schau stellen, die immerfort das verarbeiten und in Tintenschrift von sich geben, was sie gestern erlebt, gesehen, gedacht, gesagt, gefühlt und gelitten haben. Hundertmal mögen sie dagegen erklären oder erklären lassen: sie müßten sich durch ihre Werke von der Last des Erlebens befreien... sie müßten sich ihre Eindrücke von der Seele schreiben. Was ist das für eine Seele, die jeden Eindruck sogleich los zu werden trachtet, die ihn nicht lange bei sich behält, ihn tief in ihren Grund versenkt, und wartet, wie er einst wohl geklärt und wunderbar verwandelt sich wieder heben mag? Was sind das für Künstler, die der Last des Erlebens nicht den Griff und Druck ihrer umformenden Schöpferkraft entgegenhalten?

FELIX SALTEN

Ein Dichter würde sich vergebens mit der moralischen Absicht seines Werkes entschuldigen, wenn sein Gedicht ohne Schönheit wäre.

FRIEDRICH VON SCHILLER

Sie glauben nicht, wie drückend es ist, immer unter Büchern zu sitzen.

SCHILLER AN LOTTE

Der Dichter darf den Stoff nie wählen, der Stoff muß sich ihm immer selbst bieten; je mehr er Poet ist, desto tiefer und öfter wird dieser Anstoß von innen zur Produktion kommen. Nicht darin besteht das poetische Genie, daß der Poet beliebige Stoffe nach einer Verstandeswahl bearbeite, nein darin, daß die Stoffe von selbst die poetische Handlung von ihm verlangen.

THEODOR STORM

Wie doch ein einziger Reicher so viele Bettler in Nahrung setzt!
Wenn die Könige baun, haben die Kärrner zu tun.

SCHILLER-GOETHE

Buchhändler-Anzeige

Nichts ist der Menschheit so wichtig, als ihre Bestimmung zu kennen:
Um zwölf Groschen Courant wird sie bei mir jetzt verkauft.

FRIEDRICH VON SCHILLER

Was die großen Schriftsteller charakterisiert, ist, daß es ihnen Ernst mit ihrer Sache ist.

ARTHUR SCHOPENHAUER

Es ist ein Lob, wenn man einen Autor naiv nennt, indem es besagt, daß er sich zeigen darf, wie er ist.

ARTHUR SCHOPENHAUER

Heutzutage gibt es in der Gesellschaft eine deutliche Scheidung. Wer zur Feder greift, um ein Buch zu schreiben, hat folgende Wahl: entweder den Leuten zu gefallen, deren Väter den Voltaire gekauft haben und lasen, oder den Leuten, deren Reichtum neuerer Herkunft ist, oder die ihn durch Arbeit erst erwerben wollen.

HENRI STENDHAL-BEYLE

Um sich zu bilden, braucht man im Lager keine Bücher zu lesen. Für alles, was man wissen wollte, standen einem sachkundige Menschen zur Verfügung. Von dieser einzigartigen Gelegenheit zu lernen, habe ich reichlich Gebrauch gemacht. Über Bankwesen, Architektur, Mühlenbau und Mühlenwesen, Getreidebau, Ofenbau und so vieles andere eignete ich mir Kenntnisse an, die ich sonst wohl nie erlangt hätte.

ALBERT SCHWEITZER

Er *(Justinus Kerner)* liebt die Nachdrucker wie man die Zigeuner liebt, aus dem romantischen, gesetzlosen Hang im Menschen, wobei man doch nicht ansteht, erforderlichen Falles gegen die Lieblinge es mit der ordentlichen Obrigkeit zu halten.

KARL AUGUST VARNHAGEN VON ENSE

Am liebsten binde ich Bücher, weniger gern lese ich sie, und am wenigsten mag ich sie selber schreiben.

KARL HEINRICH WAGGERL

Die zwei Weisesten der Menschen, Sokrates und Christus, schrieben keine Zeile.

KARL JULIUS WEBER

Auch die besten Schriftsteller reden zuviel.

LUC CLAPIERS MARQUIS DE VAUVENARGUES

Ich weiß, was Schreiben für ein schweres Werk ist, und Roscommon hat nach meiner Meinung recht, wenn er sagt: In allen Dingen, in welchen das menschliche Geschlecht sich hervorgetan hat, ist das größte Meisterwerk der Natur, gut zu schreiben.

JOHANN JOACHIM WINCKELMANN

Als Peter Altenberg in Wien zu schriftstellern begann, hieß er Richard Engländer. Mit diesem Namen war aber, nach seinem Gefühl, kein großer Staat zu machen. Seine »Umdichtung« wurde daher für ihn ein viel wichtigeres und schwierigeres Problem als die Geburt unsterblicher Werke. Bevor er das erste Manuskript einreichte, nahm er sich den Verlags-Katalog von S. Fischer vor. »Engländer« hätte zwischen Juliane Déry und Ottilie Gayer berühmt werden müssen. Tagelang blätterte er in dem Katalog herum. An der Spitze stand d'Annuncio – immer wenn er den Katalog von neuem wälzte, stand d'Annuncio an der Spitze. Das brachte Peter in furchtbare Wut. Endlich fand er die rettende Lösung. Er taufte sich Altenberg. Nachdem dies vollbracht war, schickte er das Manuskript an S. Fischer ab. Der Verleger druckte es, und seitdem steht Peter Altenberg an der Spitze der deutschen Literatur. Alle Kataloge, die von S. Fischer in die Welt gingen, fingen mit »Peter Altenberg« an.

AUS »DER BIBLIOPHILE«

18. DER RUHMESTEMPEL

Es ist kein fördernder Gedanke für den Lebenden, erst unter den Toten einen Rang einzunehmen; die Wirkung auf die Zeitgenossen wirkt fördernd in jeder Beziehung; von den Großvätern gelesen zu werden, ist ein Bürge, bei den Enkeln doch noch nicht ganz vergessen zu sein. Daß die Enkel den lesen, welchen die Großeltern versäumten, kommt selten vor, und wenn – so ist es jedenfalls sehr traurig, das am Schreibtische denken zu müssen.

LUDWIG ANZENGRUBER

Ich mag und will jetzt nicht berühmt werden, aber nach fünfzig Jahren möchte ich gelesen werden.

ANNETTE VON DROSTE-HÜLSHOFF

 Der Tempel des literarischen Ruhmes ist von lauter Toten bewohnt, die als Lebende nicht darin waren, und von einigen Lebenden, welche fast alle hinausgeworfen werden, sobald sie erst tot sind.

JEAN LE ROND D'ALEMBERT

Es ist schwerer, sich durch ein wirklich gutes Werk einen Namen zu machen, als einem mittelmäßigen Werk durch einen bereits erworbenen Namen Ansehen zu verschaffen.

JEAN DE LA BRUYERE

Ob er gleich von hinnen schied,
Ist er doch geblieben,
Der so manches schöne Lied
Einst für uns geschrieben.

Unser Mund wird ihn entzückt
Lange noch erwähnen,
Und so lebt er hochbeglückt
Zwischen hohlen Zähnen.

WILHELM BUSCH

Ein Schriftsteller ums liebe Brot ist nicht nur ein Sklave der öffentlichen Meinung, sondern sogar der Mode, die ihn nach Belieben reich macht oder verhungern läßt; und wer nicht gelegentlich sein Bestes und am tiefsten Gefühltes, Überzeugung, Erkenntnis, Geschmack verleugnen kann, der mag nur sich hinlegen und sterben, und der Lorbeer über seinem Grab wird ihn nicht wieder lebendig machen.

ANNETTE VON DROSTE-HÜLSHOFF

Es gibt überall verschämte Arme, nur nicht in der Literatur.

MARIE VON EBNER-ESCHENBACH

Viele Worte sind lange zu Fuß gegangen, ehe sie geflügelte Worte wurden.

MARIE VON EBNER-ESCHENBACH

O, seid nicht karg mit eurem Beifall! Denn er ist ja nur ein Kapital, das ihr auf Zinsen legt.

JOHANN WOLFGANG VON GOETHE

Ich will nichts davon hören, weder von dem Publikum, noch von der Nachwelt, noch von der Gerechtigkeit, wie sie es nennen, die sie einst meinem Bestreben widerfahren lassen. Ich verwünsche den Tasso bloß deshalb, weil man sagt, daß er auf die Nachwelt kommen wird; ich verwünsche die Iphigenie, mit einem Wort, ich verwünsche alles, was diesem Publikum irgend an mir gefällt. Ich weiß, daß es dem Tag und daß der Tag ihm angehört; aber ich will nun einmal nicht für den Tag leben ... Ja, wenn ich es nur je dahin noch bringen könnte, daß ich ein Werk verfaßte – aber ich bin zu alt dazu – daß die Deutschen mich so ein fünfzig oder hundert Jahre hintereinander recht gründlich verwünschten und aller Orten und Enden mir nichts als Übles nachsagten; das sollte mich außer Maßen ergetzen.

JOHANN WOLFGANG VON GOETHE

Wisset nur, daß Dichterworte
Um des Paradiesespforte
Immer leise klopfend schweben,
Sich erbittend ewiges Leben.

JOHANN WOLFGANG VON GOETHE

Deutschland ahmte mich nach und Frankreich mochte mich lesen. England! Freundlich empfingst du den zerrütteten Gast. Doch was fördert es mich, daß auch sogar der Chinese malet, mit ängstlicher Hand, Werthern und Lotte auf Glas.

JOHANN WOLFGANG VON GOETHE

Franzens Tod

Franz, der am Bücherschrank
Oft lange Tage saß,
Oft Schlummer, Speis' und Trank
Ob seinem Werk vergaß,
Schrieb sich berühmt und krank
Und starb dann vor der Zeit
An der Unsterblichkeit.

JOHANN CHRISTOPH FRIEDRICH HAUG

Was Luther sagte, hatte man lange gewußt, aber jetzt sagte es Luther.

JOHANN GOTTFRIED VON HERDER

Fordre kein lautes Anerkennen.
Könne was, und man wird dich kennen.

PAUL HEYSE

Der berühmte Autor lebt nur in einer anderen Form von Ungekanntheit als der Autor, von dem niemand redet.

HUGO VON HOFMANNSTHAL

Eben dieses, daß die Hand eines Menschen über so wenige Jahre hinausreicht und daß sie so wenige gute Hände fassen kann, das muß ihn entschuldigen, wenn er ein Buch macht: seine Stimme reicht weiter als seine Hand, sein enger Kreis der Liebe zerfließt in weitere Zirkel, und wenn er selber nicht mehr ist, so weben seine nachtönenden Gedanken in dem papiernen Laube fort und spielen, wie andere verstiebende Träume, durch ihr Geflüster und ihren Schatten von manchem fernen Herzen eine schwere Stunde hinweg.

JEAN PAUL

Was bleibet aber, stiften die Dichter.

FRIEDRICH HÖLDERLIN

Und also sag' ich: Schreibt ein Bändchen gleich
Von Ungereimtem ein berühmter Dichter –
Wenn man's nicht lobt, gebt mir den Todesstreich.

JUAN DE IRIARTE

Ein jedes mache sich ewig, womit es kann; das Weib durch Kinder, der Mann durch Bücher.

GOTTHOLD EPHRAIM LESSING

Wer wird nicht einen Klopstock loben!
Doch wird ihn jeder lesen? Nein!
Wir wollen weniger erhoben,
Doch fleißiger gelesen sein.

GOTTHOLD EPHRAIM LESSING

Das ist unter allen Nationen immer ein sehr vortrefflicher Dichter, von dessen Gedichten ein Drittel gut ist.

GOTTHOLD EPHRAIM LESSING

Die Zeitungsschreiber haben sich ein hölzernes Kapellchen erbaut, das sie auch den Tempel des Ruhmes nennen, worin sie den ganzen Tag Porträte anschlagen und abnehmen und ein Gehämmer machen, daß man sein eigenes Wort nicht hört.

GEORG CHRISTOPH LICHTENBERG

Es gibt wenig Gelehrte, die nicht einmal gedacht haben, sich reich zu schreiben. Das Glück ist nur wenigen beschieden. Unter den Büchern, die geschrieben werden, machen wenige ihr Glück, wenn sie leben bleiben; und die meisten werden tot geboren.

GEORG CHRISTOPH LICHTENBERG

Ein Schriftsteller, der zu seiner Verewigung eine Bildsäule nötig hat, ist auch dieser nicht wert.

GEORG CHRISTOPH LICHTENBERG

Kühne Faust und blanker Degen
können Wind und Ruhm erregen.
Ruhm und Würde muß sich legen,
stützet Feder nicht den Degen.

FRIEDRICH VON LOGAU

Über seinen Schatten springen
kann den Leichtsten nicht gelingen:
Dichtern aber kann's gelingen,
über ihren Tod zu springen.

FRIEDRICH VON LOGAU

Jeden Schriftsteller überrascht es von neuem, wie das Buch, sobald er sich von ihm gelöst hat, ein eignes Leben für sich weiterlebt. Es sucht sich seine Leser, entzündet Leben, beglückt, erschreckt, erzeugt neue Werke, wird die Seele von Vorsätzen und Handlungen – kurz: es lebt wie ein mit Geist und Seele ausgestattetes Wesen und ist doch kein Mensch.
Das glücklichste Los hat der Autor gezogen, welcher als alter Mann sagen kann, daß alles, was lebenzeugende Gedanken und Gefühl in ihm war, in seinen Schriften noch fortlebe, und daß er selber nur noch die graue Asche bedeute, während das Feuer überall gerettet und weitergetragen sei.

FRIEDRICH NIETZSCHE

Aus den Büchern reden die unsterblichen Stimmen der Verstorbenen.

GAIUS PLINIUS SECUNDUS D. AE.

Auch in der Literatur – wenn die Kinder zu Bett gebracht sind, bleiben die Großen noch sitzen.

WILHELM RAABE

Ruhm ist: mitgedacht werden, wenn an ein ganzes Volk gedacht wird.

WILHELM RAABE

Zur Popularität gelangen deutsche Schriften durch einen großen Namen, oder durch Persönlichkeiten, oder durch gute Bekanntschaft, oder durch Anstrengung, oder durch mäßige Unsittlichkeit, oder durch vollendete Unverständlichkeit, oder durch harmonische Plattheit, oder durch vielseitige Langweiligkeit, oder durch beständiges Streben nach dem Unbedingten.

FRIEDRICH SCHLEGEL

Die Schriftsteller kann man einteilen in Sternschnuppen, Planeten, Fixsterne. Die ersteren liefern die momentanen Knalleffekte: man schauet auf, ruft »Siehe da!« und auf immer sind sie verschwunden. – Die zweiten, also die Irr- und Wandelsterne, haben viel mehr Bestand. Sie glänzen, wiewohl bloß vermöge ihrer Nähe, oft heller als die Fixsterne, und werden von Nichtkennern mit diesen verwechselt. Inzwischen müssen auch sie ihren Platz bald räumen, haben zudem nur geborgtes Licht und eine auf ihre Bahngenossen (Zeitgenossen) beschränkte Wirkungssphäre. Sie wandeln und wechseln: ein Umlauf von einigen Jahren Dauer ist ihre Sache.– Die dritten allein sind unwandelbar, stehn fest am Firmament, haben eigenes Licht, wirken zu einer Zeit wie zur andern ... wegen der Höhe ihrer Stelle braucht ihr Licht meistens viele Jahre, ehe es dem Stadtbewohner sichtbar wird.

ARTHUR SCHOPENHAUER

Zu der kurzen Spanne Zeit, in der sie leben, verhalten sich die großen Geister wie große Gebäude zu einem engen Platze, auf dem sie stehen. Man sieht nämlich diese nicht in ihrer Größe, weil man zu nahe davorsteht, und aus der analogen Ursache wird man jene nicht gewahr; aber wenn ein Jahrhundert dazwischen liegt, werden sie erkannt und zurückgewünscht.

ARTHUR SCHOPENHAUER

Wer zur Nachwelt reisen will, muß kleines Gepäck haben.

F. M. AROUET DE VOLTAIRE

Das vollendete Buch teilt dem Verfasser seine Unsterblichkeit mit.

KARL JULIUS WEBER

19. AUTOR UND LESER

Das Publikum ist nicht so dumm, wie es von Verlegern und Redakteuren gehalten wird.

LUDWIG ANZENGRUBER

Was eigentlich die Produktion des ernstlich gesinnten Schriftstellers gegenwärtig lähmt? Das Bewußtsein, kein Publikum vor sich zu haben. Wer mag öffentlich in sich hineinreden?

ERNST VON FEUCHTERSLEBEN

Sowie ein bedeutendes Buch erschienen ist, glaubt bei uns jeder Leser, das hätte er auch schreiben können.

ERNST BERTRAM

Die meisten Leser stecken ihre Bücher in ihre Bibliothek, und die meisten Schriftsteller stecken ihre Bibliothek in ihre Bücher.

NICOLAS CHAMFORT

Welcher Autor darf sagen, daß der Gedanke an die Oberflächlichkeit der meisten Leser ihm stets ein peinlicher und nicht mitunter auch ein tröstlicher sei?

MARIE VON EBNER-ESCHENBACH

Es gibt nichts Tröstlicheres für den Dichter, als wenn sein Lied bei der Jugend frischen Klang gibt.

JOSEF FREIHERR VON EICHENDORFF

Die Dichter sollten nicht auf der Ebene der großen Menge stehen, sondern die höchsten Gedanken haben, welche ihrer Zeit erreichbar sind.

PAUL ERNST

Ich liebe mir Leser, die lieber angeregt als geschulmeistert sein wollen; das Zweifelhafte scheint mir interessanter als das Ausgemachte!

ERNST VON FEUCHTERSLEBEN

Wenn deine Schrift dem Kenner nicht gefällt,
So ist das schon ein böses Zeichen;
Doch wenn sie gar des Narren Lob erhält,
So ist es Zeit, sie auszustreichen.

CHRISTIAN FÜRCHTEGOTT GELLERT

Man wirft seine Bücher in die mehr oder minder gleichgültige Welt hinaus. Gelingt es, Freunde zu finden, so sind sie willkommen. Es ist ein verschwiegenes Band um mich und meine unbekannten Leser gezogen, das ist vielleicht das Schönste daran.

FRANZ KARL GINZKEY

Die Deutschen sind übrigens wunderliche Leute! – Sie machen sich durch ihre tiefen Gedanken und Ideen, die sie überall suchen und überall hineinlegen, das Leben schwerer als billig. – Ei! so habt doch endlich einmal die Courage, euch den Eindrücken hinzugeben, euch ergötzen zu lassen, euch rühren zu lassen, euch erheben zu lassen, ja euch belehren und zu etwas Großem entflammen und ermutigen zu lassen; aber denkt nur nicht immer, es wäre alles eitel, wenn es nicht irgend abstrakter Gedanke und Idee wäre! –

Da kommen sie und fragen: welche Idee ich in meinem Faust zu verkörpern gesucht? – Als ob ich das selber wüßte und aussprechen könnte! – Vom Himmel durch die Welt zur Hölle, das wäre zur Not etwas; aber das ist keine Idee sondern Gang der Handlung. Und ferner, daß der Teufel die Wette verliert und daß ein aus schweren Verirrungen immerfort zum Besseren aufstrebender Mensch zu erlösen sei, das ist zwar ein wirksamer, manches erklärender guter Gedanke, aber es ist keine Idee, die dem Ganzen und jeder einzelnen Szene im besonderen zugrunde liegt. Es hätte auch in der Tat ein schönes Ding werden müssen, wenn ich ein so reiches, buntes und so höchst mannigfaltiges Leben, wie ich es im Faust zur Anschauung gebracht, auf die magere Schnur einer einzigen durchgehenden Idee hätte reihen wollen!

JOHANN WOLFGANG VON GOETHE

Welchen Leser ich wünsche? Den unbefangensten, der mich,
sich und die Welt vergißt und in dem Buche nur lebt.

JOHANN WOLFGANG VON GOETHE

Die Gegenwart stimmt selten zum Gegenwärtigen. Was nebeneinander existiert, scheint nur zum Streite berufen zu sein. Für einen Autor ist es deshalb eine tröstliche Aussicht, daß alle Tage neue, künftige Leser geboren werden.

JOHANN WOLFGANG VON GOETHE

Das Publikum betrügt sich über das Einzelne fast immer und über das Ganze fast nie.

JOHANN WOLFGANG VON GOETHE

Das liebe deutsche Publikum ist von der Art, daß es dasjenige für gar nichts hält, was es schon kennt.

JOHANN WOLFGANG VON GOETHE

Das Publikum weiß jedem Dank, der ihm den Kopf verrücken will.

JOHANN WOLFGANG VON GOETHE

Unsern Lesern und Hörern fehlt es an der Aufmerksamkeit. Was ihnen gleich einleuchtet, das nehmen sie wohl willig auf, über alles, woran sie sich nach ihrer Art stoßen, urteilen sie auch schnell ab, ohne auf den Sinn und Zusammenhang zu sehen, ohne zu bedenken, daß sie eigentlich den Dichter zu fragen haben, warum er dieses und jenes so und nicht anders machte. Von der anderen Seite bedacht, sollte man vielleicht die Menschen, sobald sie nur einen guten Willen gegen etwas zeigen, auch mit gutem Willen mit seinen ästhetischen Gründen bekannt machen. Nun sieht man aber, daß man nie das Ganze wirken kann, und daß die Leser immer am Einzelnen hängen, da vergeht einem denn Lust und Mut, und man überläßt sie in Gottes Namen sich selbst.

JOHANN WOLFGANG VON GOETHE

Wer dem Publikum dient, ist ein armes Tier;
Er quält sich ab, niemand bedankt sich dafür.

JOHANN WOLFGANG VON GOETHE

Das Publikum will wie Frauenzimmer behandelt sein: man soll ihnen durchaus nichts sagen, als was sie hören möchten.

JOHANN WOLFGANG VON GOETHE

Der mittelmäßigste Roman ist immer noch besser als die mittelmäßigsten Leser, ja der schlechteste participiert etwas von der Vortrefflichkeit des ganzen Genres.

JOHANN WOLFGANG VON GOETHE

Die Leser leben nämlich in dem Wahn, man werde, indem man etwas leiste, ihr Schuldner und bleibe jederzeit noch weit zurück hinter dem, was sie eigentlich wollten und wünschten, ob sie gleich kurz vorher, ehe sie unsere Arbeit gesehen, noch gar keinen Begriff hatten, daß so etwas vorhanden oder nur möglich sein könnte.

JOHANN WOLFGANG VON GOETHE

Könnten Geist und höhere Bildung ein Gemeingut werden, so hätte der Dichter ein gutes Spiel; er könnte immer durchaus wahr sein und brauchte sich nicht zu scheuen, das Beste zu sagen. So aber muß er sich immer in einem gewissen Niveau halten; er hat zu bedenken, daß seine Werke in die Hände einer gemischten Welt kommen, und er hat daher Ursache, sich in acht zu nehmen, daß er der Mehrzahl guter Menschen durch eine zu große Offenheit kein Ärgernis gebe. Und dann ist die Zeit ein wunderlich Ding. Sie ist ein Tyrann, der seine Launen hat, und der zu dem, was einer sagt und tut, in jedem Jahrhundert ein ander Gesicht macht. Was den alten Griechen zu sagen erlaubt war, will uns zu sagen nicht mehr anstehen, und was Shakespeares kräftigen Mitmenschen durchaus anmutete, kann der Engländer von 1820 nicht mehr ertragen, so daß in der neuesten Zeit ein Family-Shakespeare ein gefühltes Bedürfnis wird.

JOHANN WOLFGANG VON GOETHE

 Das Publikum beklagt sich lieber unaufhörlich, übel bedient worden zu sein, als daß es sich bemühte, besser bedient zu werden.

JOHANN WOLFGANG VON GOETHE

Wer nicht eine Million Leser erwartet, sollte keine Zeile schreiben.

JOHANN WOLFGANG VON GOETHE

Ein feiges Publikum erzeugt notwendig eine unverschämte Literatur.

FRANZ GRILLPARZER

Die Idee des Lesens ist die Muse und Gehilfin des Autors.

LUDWIG HAMANN

Das Volk im besten und höchsten Sinne, dieses Volk will keine Schmeicheleien, es will keine Sophisten- und Sykophanten-Künste; es achtet nur die Schriftsteller, welche ihm Zeugen der Wahrheit sind, ernste, einfache, unbestochene Zeugen.

KARL LEBRECHT IMMERMANN

Es soll, wer für das Volk schreibt, nicht vergessen,
Daß seine Schuld von der des Volks er scheide:
Denn dies: gibst du ihm Stroh, wird's Stroh dir essen,
Und gibst du ihm Getreide, ißt's Getreide.

JUAN DE IRIARTE

Beim Opus gibt es ein Ganzes, das nicht in der Summe der Sätze liegt, das Ganze gleicht einem Gleise, das den Leser wie im Fluge über alle Unebenheiten und Unfertigkeiten des Planes führt. Es ruft in ihm die Begeisterung des Lesens als köstliches Geschenk hervor.

ERNST JÜNGER

Der Satz, wie ihn der Autor schreibt, unterscheidet sich von dem Satze, wie ihn der Leser liest.

ERNST JÜNGER

Man muß jung vor dem Publikum auftreten (sagt Goethe) und alsdann oft erscheinen. Dieses Tier denkt, wer viel gibt, der viel hat, und wer oft bringt, muß reich sein. Und hat man es nur erst dahin gebracht, daß man Bewunderer findet, so wird es auch nicht lange an unbedingt Ergebenen fehlen, welchen alles vortrefflich ist, was den Namen des Bewunderten an der Stirn trägt.

KARL LUDWIG VON KNEBEL

Ich bin ein guter Leser, denn ich sehe ein, warum du das und das gesetzt hast. – Aber ich kenne noch bessere Leser. – Und wie sind denn diese beschaffen? – Diese sehen auch ein, warum ich das und das und wieder das und noch mehr weggelassen habe.

FRIEDRICH GOTTLIEB KLOPSTOCK

Die Dichter, die nur spielen,
Die wissen nicht, was sie und was die Leser sind;
Der rechte Leser ist kein Kind,
Er will sein männlich Herz viel lieber fühlen als spielen.

FRIEDRICH GOTTLIEB KLOPSTOCK

Fast glaube ich, daß der Dichter, der auf einen zu großen Teil seiner Zeitgenossen wirken will, sich in der Art der Wirksamkeit zu enge Grenzen setzt. Was liegt daran, ob sein Publikum in einem Zeitpunkte zusammen lebt?

CHRISTIAN GOTTFRIED KÖRNER

Was soll man zu den Dichtern sagen, die so gern ihren Flug weit über alle Fassung des größten Teils ihrer Leser nehmen? Was sonst, als was die Nachtigall einst zu der Lerche sagte: Schwingst du dich, Freundin, nur darum so hoch, um nicht gehört zu werden?

GOTTHOLD EPHRAIM LESSING

Ich pflege niemals gern für zwei Augen etwas zu schreiben, welches nicht allenfalls tausend Augen lesen dürften.

GOTTHOLD EPHRAIM LESSING

Wenn heldenmütige Gesinnungen Bewunderung erregen sollen, so muß der Dichter nicht zu verschwenderisch damit umgehen; denn was man öfters, was man an mehreren sieht, höret man auf zu bewundern.

GOTTHOLD EPHRAIM LESSING

Will der mein Buch nicht lieben,
Der bessrer Art geschrieben,
Will der mein Buch vernichten,
Der mehres kunnte dichten,
So laß ich's so geschehen.
Doch wird man auch wol sehen,
Daß mancher etwas ärger
Geschrieben, mancher kärger.

FRIEDRICH VON LOGAU

 Es ist fast nicht möglich, etwas Gutes zu schreiben, ohne daß man sich dabei jemanden oder auch eine gewisse Auswahl von Menschen denkt, die man anredet.

GEORG CHRISTOPH LICHTENBERG

Was eigentlich der Schriftsteller für den Menschen ausmacht, ist, beständig zu sagen, was der größte Teil der Menschen denkt oder fühlt, ohne es zu wissen. Der mittelmäßige Schriftsteller sagt nur, was jeder würde gesagt haben.

GEORG CHRISTOPH LICHTENBERG

Geh' hin mein Buch, in alle Welt; steh' aus, was dir kummt zu!
Man beiße dich, man reiße dich, nur daß man mir nichts tu!

FRIEDRICH VON LOGAU

Leser, wie gefall ich dir?
Leser, wie gefällst du mir?

FRIEDRICH VON LOGAU

Sind in meinem Buche Possen,
Die dich, Leser, wo verdrossen?
Ei, vergönne mir zu schreiben,
Was du dir vergönnst zu treiben.

FRIEDRICH VON LOGAU

Man sollte eigentlich bei jedem neuen Buche und Stoffe wieder ein anderes Publikum ins Auge fassen.

CONRAD FERDINAND MEYER

Die Romanschriftsteller irren sich, wenn sie glauben, daß ihre Leser sich immer wieder die Mühe nehmen, die von ihnen sorgfältig beschriebenen Gesichter im Geiste nachzuzeichnen. Wenn ich lese, sein Kopf glich einer Zwiebel, so habe ich sofort ein Bild; wenn es aber heißt, sein Haar war braun, seine Stirn war niedrig, seine Nase schön geschwungen, sein Mund grob aufgeworfen, so geht das – an mir wenigstens – ziemlich spurlos vorüber.

CHRISTIAN MORGENSTERN

Der gute Denker rechnet auf Leser, welche das Glück nachempfinden, das im guten Denken liegt: so daß ein Buch, welches sich kalt und nüchtern ausnimmt, durch die rechten Augen gesehen, vom Sonnenscheine der geistigen Heiterkeit umspielt und als ein rechter Seelentrost erscheinen kann.

FRIEDRICH NIETZSCHE

Der Autor, der sich die Miene gibt, als wolle er seine Leser zum besten haben, nimmt die Leser für sich ein, selbst wenn er die Miene annimmt, als lache er über sich selbst.

FRIEDRICH NICOLAI

Jedes gute Buch schmeckt herb, wenn es erscheint. Gute Leser machen ein Buch immer besser und gute Gegner klären es ab.

FRIEDRICH NIETZSCHE

Die guten Schriftsteller haben zweierlei gemeinsam: sie ziehen vor, lieber verstanden als angestaunt zu werden; und sie schreiben nicht für die spitzen und überscharfen Leser.

FRIEDRICH NIETZSCHE

Der wahre Leser muß der erweiterte Autor sein.

NOVALIS

In dem Publikum habe ich immer einen gewissen Instinkt für das Echte und Gute wahrgenommen.

LEOPOLD VON RANKE

Ein schon lange geliebtes Buch vom Verfasser selber zugewendet zu erhalten, in seinem inneren, still erworbenen Besitz durch ihn bestätigt zu sein, ist eine Freude, die ich selbst dann und wann viel zu lebhaft erlebt habe, um nicht zu verstehen, was ihre Erfüllung unter Umständen bedeutet.

RAINER MARIA RILKE

Willst du, ich soll dir geben, sei, bitte, erst Schale und schön, sei erst bereit zu empfangen und ruhig im Halten.

RAINER MARIA RILKE

Die Druckkunst redet eine sehr deutliche und erbarmungslose Sprache, und die Lettern, die mechanisch die Worte aneinanderreihen, haben die merkwürdige Eigenschaft, daß sie alles das, was unausgesprochen in den Sätzen liegt, die Gedanken, Gefühle und Launen, die den Verfasser im Augenblick des Niederschreibens bewegten, dem aufmerksamen Leser verraten.

JULIUS RODENBERG

Wir Poeten sind selten so glücklich, daß die Könige uns lesen.

FRIEDRICH VON SCHILLER

Es ist jetzt platterdings unmöglich, mit irgendeiner Schrift, sie mag noch so gut oder noch so schlecht sein, in Deutschland ein allgemeines Glück zu machen. Das Publikum hat nicht mehr die Einheit des Kindergeschmacks und noch weniger die Einheit einer vollendeten Bildung. Es ist in der Mitte zwischen beiden, und das ist für schlechte Autoren eine herrliche Zeit, aber für solche, die nicht bloß Geld verdienen wollen, desto schlechter.

FRIEDRICH VON SCHILLER

Jeder rechtliche Autor schreibt für niemand, oder für alle. Wer schreibt, damit ihn diese oder jene lesen mögen, verdient, daß er nicht gelesen wird.

FRIEDRICH SCHLEGEL

Wenn wir lesen, denkt ein anderer für uns.

ARTHUR SCHOPENHAUER

Dichter gibt es sehr wenige auf der Welt, sie sind die Hohenpriester, sie sind die Wohltäter des menschlichen Geschlechts.

ADALBERT STIFTER

Man kann ein Buch mit Vergnügen lesen und dessen Verfasser nicht ausstehen mögen.

JONATHAN SWIFT

Es ist schlimm, ein Schriftsteller zu sein, aber fast ein noch schlimmeres Verhängnis, ein Leser zu werden.

LUDWIG TIECK

Wenn ein Buch die innere Kraft besitzt, daß ich mich in seiner Gesellschaft vergessen kann, dann werde ich zum Leser.

JAKOB WASSERMANN

Eher als den flüchtigen Leser achte ich noch den, der das Lesen verachtet.

JAKOB WASSERMANN

Die meisten Leser bilden sich ein, der Verfasser habe mit eben der Leichtigkeit gearbeitet, mit welcher sie ihn lesen.

CHRISTOPH MARTIN WIELAND

Der Unverstand der Leser ist immer die Sicherheit unverständiger oder übelwollender Tadler, und es ist nichts Leichteres, als das schiefste Urteil einer Menge von Leuten einleuchtend zu machen.

CHRISTOPH MARTIN WIELAND

Was man fürs Lesen ausgibt, ist niemals verloren;
Zehntausendfach Gewinn ist vielmehr Bücherlesen!

Die Kunst, die Menschen einzusetzen, lehren Bücher
Und Bücher sind es, die des Edlen Wissen mehren;

Wer hat, baut einen Bücherpavillon sich;
Wer nicht hat, bringt es doch zu einer Büchertruhe.

Am Fenster liest der eine seine alten Bücher;
Unter der Lampe sucht des Buches Sinn ein andrer;

Wer arm ist, wird bestimmt vermittels Bücher reich,
Zu Ansehen aber kommt der Reiche mittels Bücher;

Gescheiter werden dumme Menschen durch die Bücher
Und Vorteil können aus den Büchern Weise lernen.

Ich sah bis jetzt aus Büchern nur Gedeihen wachsen,
Nicht sah ich bisher Niedergang aus Büchern kommen.

Verkauf' dein Gold, erkaufe dir das Bücherlesen,
Leicht ist es nach dem Bücherlesen Gold zu kaufen.

Schwer wird man unerwartet gute Bücher finden;
Schwer ist es auch, sich gute Bücher zu beschaffen.

So bin ich denn so frei, den Leser aufzufordern:
»Behalte fest in deinem Herzen gute Bücher!«

WANG CHIN-KUNG

20. AUTOR UND BUCHHÄNDLER

Darum geht, wo das echte Wort gesagt ist, die Aufgabe, ein Buch »herzustellen«, letztlich nicht bloß über die technischen Zwecksetzungen, sondern auch über die ästhetischen hinaus; es kommt darauf an, dem Leser, dem authentischen Leser, in seiner Aufnahme des Wortes so sehr zu helfen, wie das eben mit technischen und ästhetischen Mitteln tunlich ist.

MARTIN BUBER

 Er *(der Verleger)* hat, an seinem Orte, zwischen Wert und Unwert zu unterscheiden. Und wenn er sich zu Recht dafür entschieden hat, ein Buch zu verlegen und herzustellen, kommt noch eine andere Verantwortung hinzu: er hat nicht das Buch allein, er hat den Autor selber als den Urheber dieses und künftiger Werke, ja sogar als diese bestimmte existente Person, die ihn angeht, anzunehmen, zu verstehen, zu bestätigen – und was sich daraus ergibt. Heil dem wahrhaften Träger seiner Verantwortung!

MARTIN BUBER

Perthes war mehr als der Verleger seiner Bücher, er war der mitarbeitende Freund seiner Schriftsteller.

JOHANN GUSTAV DROYSEN

Dichter und Verleger sollen artig gegeneinander sein, wenn's irgend geht.

HERMANN CLAUDIUS

Da ich mit der Verfasserin des Goetheschen Briefwechsels mit einem Kinde in Rücksicht der Kommissionsgebühren in einige Collision gekommen bin, und ich mit unbilligen Leuten, vorzüglich aber mit Weibern, nichts zu tun haben will, so fand ich demnach für nötig, ihr die noch nicht abgesetzten Exemplare obengenannten Werkes zurückzusenden. Es wird jetzt von Herrn Jonas debitiert.

ANZEIGE DES VERLEGERS DÜMMLER 1837

Jedermann weiß, wie viel die Wissenschaft Froben verdankt, dem einzigen Verleger, der zu seinem eigenen Schaden nur auf den Vorteil der Autoren bedacht ist. Gleichwohl stellen ihm viele nach und hätten sich fast zu seinem Untergang verschworen. Gibt er ein neues Werk heraus, das nach ihrer Meinung viele Käufer finden wird, so stiehlt man das Werk aus der Druckerei, druckt es ab und bietet es für einen Spottpreis feil, während Froben für seine Korrektoren, oft auch für die Herstellung des Werkes ungeheure Summen ausgibt.

ERASMUS VON ROTTERDAM

Meine Anthologie ist seit heute fertig; hätte ich nur erst die Gelder! Der Kerl soll doch sehr unsicher und ein richtiger Buchhändler i. e. Gauner sein.

THEODOR FONTANE

Nun erst begreife ich die Großartigkeit Ihres Geschäftes, welches in Deutschland und Frankreich Wurzel schlagend, im Norden und in der Neuen Welt seine Zweige ausbreitet. Sie sind als Geschäftsmann ein wahrer Hanseate, und es ist nichts Geringes, den geistigen Verkehr eines großen Teiles von Europa in seiner materiellen Grundlage zu sehen und zu leiten.

GÖRRES AN PERTHES

Ob ein Goethe das Buch geschrieben hat, ob es die höchste Geisteskraft erfordert hat, darauf kann ich als Kaufmann keine Rücksicht nehmen; ein Krämer kann kein Mäzen sein.

GÖSCHEN AN PERTHES

Wie peinlich ist es, mit Personen, mit denen man nur in sittlichem Verhältnis zu stehen wünscht, über ökonomische Dinge zu handeln.

GOETHE AN COTTA

Die Buchhändler sind alle des Teufels, für sie muß es eine eigene Hölle geben.

JOHANN WOLFGANG VON GOETHE

Göschen läßt sich mit nichts ein, wo er nicht unmittelbaren Gewinst sieht.

JOHANN WOLFGANG VON GOETHE

Mit Herrn Göschen, dem Herausgeber meiner gesammelten Schriften, hatte ich alle Ursache, zufrieden zu sein.

JOHANN WOLFGANG VON GOETHE

Josef II. Dictum an die Buchhändler

Einem Käsehandel vergleicht er eure Geschäfte?
Wahrlich, der Kaiser, man sieht's, war auf dem Leipziger Markt.

JOHANN WOLFGANG VON GOETHE

Schreibe Dir den Brief an Göschen ab, oder zieh Dir ihn wenigstens aus, daß Du in der Suite bleibst und behältst, was mit ihm verhandelt wird. Es ist nicht just mit ihm, wie mit alle dem Volke.

JOHANN WOLFGANG VON GOETHE

Ich kann nicht sagen, daß der Anblick der drei Exemplare meiner Schriften ... mir großes Vergnügen verursacht hätte. Das Papier scheint eher ein gutes Druckpapier als ein Schreibpapier, das Format schwindet beim Beschneiden gar sehr zusammen, die Lettern scheinen stumpf, die Farbe ist wie das Papier, ungleich, so daß die Bände eher einer ephemeren Zeitschrift als einem Buche ähnlich sehen, das doch einige Zeit dauern sollte. Von ohngefähr war ein Exemplar der Himburgschen Ausgabe hier, welches gegen jene wie einem Dedikationsexemplar ähnlich sah.

GOETHE AN GÖSCHEN

 Der Verleger ist, wenn man will, die Hebamme des Gelehrten; er leistet ihm alle die Dienste, welcher er bedarf, um mit Ehren im Publiko erscheinen zu können.

JOHANN GEORG HEINZMANN

Euch Buchhändler, Verleger und Buchdrucker sollte überhaupt alle der leidige Teufel holen, wie er Euern ersten Ahnherrn, Erfinder in Deutschland, weiland Dr. Faust geholt hat. Die Autoren leben von den Brosamen, die von des reichen Herrn Tische fallen, wie die Hündlein, und dann wollen sie *(die Verleger)* noch knausern. Verbrennen sollte man Euch, wie Sardanapal, auf Euren Papierschätzen mit Weib und Kindern.

HERDER AN HARTKNOCH

Der spanische Dichter Francisco de Quevedo y Villegas an seinen Verleger Josef Antonio Gonzales de Salas

Geborgen friedlich hier an ödem Ort,
von wen'gen guten Büchern nur umgeben,
in Zwiesprach mit den Toten still zu leben,
lausch ich lesend auf erstorbnes Wort.

Oft unverstanden, liegt doch fort und fort
das Buch bereit, mir Trost und Rat zu geben,
mit schweigender Musik mich zu umschweben,
und weist dem Traume hier sein waches Dort.

Die großen Seelen, die der Tod verbannt,
und die verblaßt sind in der Jahre Dunst,
erstehn befreit, mein Freund, durch Buchdrucks Kunst.

Die Stunden fliehn und eilen unverwandt;
die besten nur, auf Studium verwandt,
zu Lesers Läuterung spenden volle Gunst.

DEUTSCH VON KARL VOSSLER

Der Verleger ist der erste Leser des Autors, er muß auch sein strengster Leser sein, wenn er sein Freund ist.

MARTIN HÜRLIMANN

Tausend Dank, mein lieber Herr Reich! Sie allein scheinen mir kein Buchhändler, sondern ein Mensch zu sein!

JOHANN KASPAR LAVATER

Mir ist herzlich leid, daß ich Sie und mich in der besten Absicht von der Welt in diese Entreprise engagiert habe, die mir, in sehr verschiedenen Rücksichten, schon mehr Verdruß gemacht hat, als recht ist. Aber es ist nun einmal geschehen; wenn wir allwissend wären, so wären wir, Sie kein Buchhändler und ich kein Autor, sondern lebten (wie es im Liede heißt) entfernt vom Erdengetümmel das selige Leben der Götter im Himmel.

WIELAND AN REICH

Das Buch Buch ist ein Seelenwesen und geschrieben,
es wahrhaft wie Lebendiges zu lieben.

Der Schaffende, er trägt es unterm Herzen,
nährt es mit seinem Blut, gebiert's in Schmerzen.

Doch hebt es der Verleger aus der Taufe,
kommt erst das Schwerste: Daß man es auch kaufe.

Da springt der Händler hurtig aus der Wolke
und hebt das Wesen hoch und zeigt's dem Volke.

Er ist des Buches Hüter und Betreuer.
Hier erst beginnt das große Abenteuer.

Er macht es sprechen, und er lehrt uns lesen!
Gelingt es dort, so ist es gut gewesen.

Versagt es dort, nicht Gott nicht Teufel hätten
die Kraft, das schwerbedrohte Wort zu retten.

Der handelt schlecht am Buch, der es bloß handelt:
So wird nur Herzblut in Rabatt gewandelt.

So wird dem Volk und seinem innern Leben
das Licht genommen und Papier gegeben.

Doch daß die Kraft des Lichts sich dauernd mehre,
sind Bücher da! Wen dies betrifft, der höre!

JOSEF WEINHEBER

Für die Überschickung der Rezension danke ich Dir herzlich. Es geht mir sonderbar mit meinen Gedichten. Ich bekomme eine vortreffliche Rezension nach der andern, diese ist schon die sechste, und einige der anderen sprechen sich noch vorteilhafter aus wie diese, und doch verkauft sich das Buch so schlecht, daß die kleine Auflage von 500 Exemplaren noch nicht vergriffen ist. Wie ich das reimen soll, weiß ich nicht; wüßte ich nicht mit Gewißheit, daß diese Rezensionen bis auf eine von fremden Literaten sind, ich dächte, meine Freunde schrieben sie, um mir Spaß zu machen. Adele *(Schopenhauer)* erschöpft sich in den schmeichelhaftesten Klagen, daß in Weimar und Jena meine Gedichte so gesucht würden und nirgends zu bekommen wären. Beträfe es nicht mein eigenes Buch, so würde ich antworten: »Wenn eurer denn so viele sind, weshalb veranlasset ihr nicht einen Buchhändler, es zu bestellen?« Überhaupt wundert mich schon, daß an den Orten, wo die Rezensionen erscheinen, diese keinem dortigen Buchhändler Lust machen, es doch auch mal mit dem Werkchen zu versuchen. Freilich sind diese Orte sehr entfernt, das Porto wird bedeutend sein und allen Vorteil wegnehmen, da niemand mit meinem Verleger anderweitige Verbindungen hat und größere Sendungen erhält, denen diese beigefügt werden könnten . . .

ANNETTE VON DROSTE-HÜLSHOFF

Die Langeweile, die in manchem Buche herrscht, gereicht ihm zum Heil: Die Kritik, die schon ihren Speer erhoben hatte, schläft ein, bevor sie ihn geschleudert hat.

MARIE VON EBNER-ESCHENBACH

Die Kritik ist von geringer Qualität, die meint, ein Kunstwerk nur dann beurteilen zu können, wenn sie die Verhältnisse kennt, unter denen es entstanden ist.

MARIE VON EBNER-ESCHENBACH

Es glaube doch nicht jeder, der imstande war, seine Meinung von einem Kunstwerk aufzuschreiben, er habe es kritisiert.

MARIE VON EBNER-ESCHENBACH

Die Kritik ist entstanden, damit sich die Menschen in der Fülle der Kunsterscheinungen irgendwie zurechtfinden, wird also desto wichtiger, je größer diese Fülle ist.

PAUL ERNST

Wo die Person, wo die bürgerliche Ehre angegriffen wird, mag man gegenreden oder gegenreden lassen, ein ästhetisches Urteil aber zerfällt entweder, wenn es falsch ist, in sich selbst oder läßt sich, wenn es irgendwie Grund hat, so leicht nicht durch eine Antikritik aus dem Felde schlagen. In beiden Fällen ist sie also unnütz, und im letzteren bleibt eben kein Remedium, als daß der Angegriffene durch etwas Neues, Vollendetes den Gegner Lügen straft und beschämt.

FERDINAND FREILIGRATH

O ihr Tags- und Splitterrichter,
Splittert nur nicht alles klein!
Denn fürwahr! der schlechtste Dichter
Wird noch euer Meister sein.

JOHANN WOLFGANG VON GOETHE

Man lese ein Buch, und lasse es auf sich einwirken, gebe sich dieser Einwirkung hin, so wird man zum richtigen Urteil darüber kommen.

JOHANN WOLFGANG VON GOETHE

Ein Buch, das eine große Wirkung gehabt, kann eigentlich gar nicht mehr beurteilt werden. Die Kritik ist überhaupt eine bloße Angewohnheit der Modernen.

JOHANN WOLFGANG VON GOETHE

Es gibt eine zerstörende und eine produktive Kritik. Jene ist sehr leicht; denn man darf nur irgend einen Maßstab, irgend ein Musterbild, so borniert sie auch seien, in Gedanken aufstellen, sodann aber kühnlich versichern: vorliegendes Kunstwerk passe nicht dazu, tauge deswegen nicht, die Sache sei abgetan, und man dürfe ohne weiteres seine Forderung als unbefriedigt erklären; und so befreit man sich von aller Dankbarkeit gegen den Künstler. Die produktive Kritik ist um ein gutes Teil schwerer; sie fragt: Was hat sich der Autor vorgesetzt? Ist dieser Vorsatz vernünftig und verständig? und inwiefern ist es gelungen, ihn auszuführen? Werden diese Fragen einsichtig und liebevoll beantwortet, so helfen wir dem Verfasser nach, welcher bei seinen ersten Arbeiten gewiß schon Fortschritte getan und sich unserer Kritik entgegen gehoben hat.

JOHANN WOLFGANG VON GOETHE

Wer einem Autor Dunkelheit vorwerfen will, sollte erst sein eigenes Inneres beschauen, ob es denn da auch recht hell ist. In der Dämmerung wird eine sehr deutliche Schrift unlesbar.

JOHANN WOLFGANG VON GOETHE

Man kann so wenig ein Buch nach einem Blatt beurteilen als einen Baum.

CHRISTIAN FRIEDRICH HEBBEL

 Es gibt nur eine einzige Kritik, die zu respektieren ist. Diese entwickelt aus dem Innersten die Sache heraus. Sie sagt zum Dichter: Dies hast du gewollt, denn dies hast du wollen müssen, und untersucht nur, in welchem Verhältnis sein Vollbringen zu seinem Wollen steht. Jede andere ist vom Übel.

CHRISTIAN FRIEDRICH HEBBEL

Mehrenteils sind Rezensionen dem Buch, was dem Eisen der Rost – sie verderben alles.

CHRISTIAN FRIEDRICH HEBBEL

Einen Schriftsteller aus sich selbst erklären, ist die honestas jedem honesto schuldig.

JOHANN GOTTFRIED VON HERDER

Von jener göttlich inspirierten Dichtkunst, die wie ein schönes Wunder leuchtend dasteht und nicht von sich weiß, wie aus dem Boden gezaubert, wie vom Himmel gefallen, von ihr redet der Kritiker nur selten und zögernd, weil sie jenseits aller Kritik steht, unbegreiflich, unbeschreiblich, unerreichbar. Man kritisiert sie nicht, man freut sich ihrer Pracht. Wem der Mund nicht still wird vor Größe, der hat kein Gefühl für Größe. Was in den Bereich des Kritikers fällt, sind die mittleren Werke.

JOSEF HOFMILLER

Es ist schade, daß gerade die zum Rezensieren tüchtig sind, die zu gut dazu sind.

JEAN PAUL

Das erste Urteil über ein neues Buch hört jeder Autor furchtsam an.

JEAN PAUL

Die Kritik macht zwar die Anzahl der Fehler kleiner, aber auch die der Schönheiten.

JEAN PAUL

Dichter, auf der Lebensreise
Halt' dir stets das Sprüchlein vor:
Schlimm ist, tadelt dich der Weise,
Schlimmer ist, lobt dich der Tor.

JUAN DE IRIARTE

Ich glaube, daß es eine Kritik mit Begeisterung gibt, wobei man auf den größten Künstler herabsieht. Der Kritiker wird alsdann Repräsentant der Kunst und erhält seine Würde von ihr, nicht durch sich selbst. Je größer das Talent des Künstlers, desto höher die Forderungen seines Richters. Solche Kritiken sind freilich nicht jedermanns Ding, und wer dazu taugt, mag lieber selbst etwas schaffen. Aber alle andere Art von Rezension verwüstet den echten Geschmack, anstatt ihn zu bilden.

CHRISTIAN GOTTFRIED KÖRNER

Du gabst, erhabene Zunft,
Kritik der reinen Vernunft,
Gib nun, den Musen zum Glück,
Bald reine Vernunft der Kritik.

KARL FRIEDRICH KRETSCHMANN

Lob schläfert ein, Tadel erbittert. Der beste Freund ist das poetische Gewissen. Wir wissen recht gut, wo uns der Schuh drückt, besser, als es uns irgendein Rezensent sagen kann.

NIKOLAUS LENAU

Die Schule der öffentlichen Meinung muß man durchmachen und suchen, ganz gleichgültig gegen dieselbe zu werden.

NIKOLAUS LENAU

Wir sind fest versichert, eine billige und gegründete Kritik ist ein unentbehrliches Amt in der gelehrten Welt. Sie schreckt den elenden Skribenten von der Feder, sie zwingt den mittelmäßigen sich anzugreifen ... sie breitet in ganzen Ländern den Geschmack aus.

GOTTHOLD EPHRAIM LESSING

Wenn ich Kunstrichter wäre, so würde meine Tonleiter diese sein: Gelinde und schmeichelnd gegen Anfänger, mit Bewunderung zweifelnd, mit Zweifel bewundernd gegen den Meister, abschreckend und positiv gegen den Stümper, höhnisch gegen den Prahler und so bitter als möglich gegen den Cabalenmacher.

GOTTHOLD EPHRAIM LESSING

Das Genie lacht über alle Grenzscheidungen der Kritik.

GOTTHOLD EPHRAIM LESSING

Einen elenden Dichter tadelt man gar nicht; mit einem mittelmäßigen verfährt man gelinde; gegen einen großen ist man unerbittlich.

GOTTHOLD EPHRAIM LESSING

Ich sehe die Rezensionen als eine Art von Kinderkrankheit an, die die neugeborenen Bücher mehr oder weniger befällt. Zum Exempel, daß die gesündesten daran sterben, und die schwächlichen oft durchkommen. Manche bekommen sie gar nicht.

Man hat häufig versucht, ihnen durch Amulette von Vorrede und Dedikation vorzubeugen oder sie gar durch eigene Urteile zu inokulieren; es hilft aber nicht immer.

GEORG CHRISTOPH LICHTENBERG

Unter die größten Entdeckungen, auf die der menschliche Verstand in den neuesten Zeiten gefallen ist, gehört meiner Meinung nach wohl die Kunst Bücher zu beurteilen, ohne sie gelesen zu haben.

GEORG CHRISTOPH LICHTENBERG

Ist es nicht sonderbar, daß man das Publikum, das uns lobt, immer für einen kompetenten Richter hält; aber sobald es uns tadelt, es für unfähig erklärt, über Werke des Geistes zu urteilen?

GEORG CHRISTOPH LICHTENBERG

Ob ich gleich weiß, daß sehr viele Rezensenten die Bücher nicht lesen, die sie so musterhaft rezensieren, so sehe ich doch nicht ein, was es schaden kann, wenn man das Buch lieset, das man rezensieren soll.

GEORG CHRISTOPH LICHTENBERG

Die Netze der Kritiker, womit sie nach Fehlern in Werken fischen, sollten von so weiten Maschen sein, daß sie Fehler von einer gewissen Größe durchließen und nicht alles auffingen. Das Häßliche filtrieren.

GEORG CHRISTOPH LICHTENBERG

Wer einen Menschen tötet, der tötet ein vernünftiges Wesen, ein Ebenbild Gottes; derjenige aber, der ein gutes Buch vernichtet, tötet die Vernunft selbst, tötet Gottes Ebenbild sozusagen im Keime.

JOHN MILTON

Die Insekten stechen nicht aus Bosheit, sondern weil sie auch leben wollen; ebenso unsere Kritiker: sie wollen unser Blut, nicht unsern Schmerz.

FRIEDRICH NIETZSCHE

Rezensenten sind literarische Polizeibeamten. Ärzte gehören zu den Polizeibeamten. Daher sollte es kritische Journale geben, die die Autoren kunstmäßig, medizinisch und chirurgisch behandelten, und nicht bloß die Krankheit aufspürten und mit Schadenfreude bekanntmachten. Die bisherigen Kurmethoden waren größestenteils barbarisch.
Echte Polizei ist nicht bloß defensiv und polemisch gegen das vorhandene Übel, sondern die sucht die kränkliche Anlage zu verbessern.

NOVALIS

Keineswegs dürften aber die bestellten Kunstrichter dem Künstler die Art des Stoffes oder sonst etwas vorzuschreiben sich anmaßen; sie haben nichts zu tun, als das fertige Produkt aus der Hand des Künstlers zu empfangen und den Maßstab der Kunst daran zu legen.

AUGUST GRAF VON PLATEN

Die Deutschen wissen einem Dichter keinen anderen Dank zu bieten als Rezensionen.

AUGUST GRAF VON PLATEN

Ich habe noch nie ein Buch geschrieben, in dem nicht mehr gewesen ist als in irgend einer Kritik darüber.

WILHELM RAABE

Ein Kritiker ist ein Leser, der wiederkäut. Er sollte also mehr als einen Magen haben.

FRIEDRICH SCHLEGEL

Wenn junge Personen beiderlei Geschlechts nach einer lustigen Musik zu tanzen wissen, so fällt es ihnen gar nicht ein, deshalb über die Tonkunst urteilen zu wollen. Warum haben die Leute weniger Respekt vor der Poesie?

FRIEDRICH SCHLEGEL

Der Zweck der Kritik, sagt man, sei, Leser zu bilden! – Wer gebildet sein will, mag sich doch selbst bilden. Dies ist unhöflich: es steht aber nicht zu ändern.

FRIEDRICH SCHLEGEL

Kritisieren heißt, einen Autor besser verstehen, als er sich selbst verstanden hat.

FRIEDRICH SCHLEGEL

Ein Dichter, den im kühnen Flug
Der Pegasus gen Himmel trug,
Erhub sich mit des Adlers Eile.
Da schrie mit ungestümem Ruf,
In seiner Rechten eine Feile,
Ein Kritikaster: »Weile, weile!
Daß ich am linken Hinterhuf
Dir noch den letzten Nagel feile!«

FRIEDRICH LEOPOLD GRAF ZU STOLBERG

Kritiker gibt es, deren jeder vermeint, bei ihm stünde es, was gut und was schlecht sein solle, indem er seine Kindertrompete für die Posaune der Fama hält.

ARTHUR SCHOPENHAUER

Eine Rezension wird geschrieben, damit ein Buch Leser findet, die gescheiter sind als der Rezensent.

OSWALD SPENGLER

Der Dichter hat nur zu leisten, die Beurteilung des Geleisteten ist nicht seine Sache; tut man hier zu wenig, dort zu viel – er muß beides hinnehmen.

THEODOR STORM

Die echte Rezension muß sich dem Kunstwerk wiederum nähern, selbst eins mit ihm werden.

LUDWIG TIECK

Man würde oft weniger Gedanken eines Werkes verurteilen, wenn man sie alle vom Standpunkt des Verfassers auffaßte.

LUC CLAPIERS MARQUIS DE VAUVENARGUES

Es ist leicht einen Schriftsteller zu tadeln, aber schwer, seinen wahren Wert zu bestimmen.

LUC CLAPIERS MARQUIS DE VAUVENARGUES

Was wirkt heutzutage eine Rezension, da nicht einmal Goethens treffliche und fast durchaus treffende Charakteristik meines Vaters den Leuten die Augen geöffnet hat?

HEINRICH VOSS

Dein redseliges Buch lehrt mancherlei Neues und Wahres,
wäre das Wahre nur neu, wäre das Neue nur wahr!

JOHANN HEINRICH VOSS

Mézeray hinterließ einen Goldtaler mit der Beischrift: Diesen Goldtaler legte ich seit zwanzig Jahren zurück, um ein Fenster auf la Grève zu mieten, wenn einmal ein Rezensent aufgeknüpft wird.

KARL JULIUS WEBER

Der Henker hole die Autorschaft, wenn sie mir von allen Enden Deutschlands nichts als Verdruß zuziehen soll. Immer gescholten und öffentlich gescholten, das ist mehr als meine Geduld vertragen kann.

CHRISTOPH MARTIN WIELAND

22. VON ZENSOREN UND ZENSUREN

Aus dem Zensuredikt vom 11. Mai 1749

Nachdem Wir höchst mißfällig wahrgenommen, daß verschiedentlich scandaleuse theils wider die Religion, theils wider die Sitten anlauffende Bücher und Schriften in Unseren Landen verfertigt, verlegt und debetieret werden, daß Wir um diesem Unwesen und denen dahero entstehenden üblen Folgen abzuhelffen, gnädigst gut befunden, die ehemalige seit einiger Zeit in Abgang gekommene Censur wiederherzustellen, und zu dem Ende eine Commission, in Unserer hiesigen Residentz zu etablieren, an welcher alle Bücher und Schriften, die in Unseren sämtlichen Landen verfertiget, und gedrucket worden, oder die Unsere Unterthanen außerhalb Landes drucken lassen wollen, zuvörderst der Censur und Approbation franco eingesandt, und ohne deren Genehmigung nichts gedruckt, noch verleget werden soll ...

Sämtliche Buchführer, auch Buchdrucker nicht das geringste, ehe und bevor solches censirt, und approbiret werden, zum Verlag oder Druck bey Einhundert Reichsthaler fiskalischer Strafe annehmen, wie ihnen denn auch zugleich verbothen wird, skandaleuse und anstößige Bücher und Werke, welche an anderen Orten außerhalb des Landes verfertiget und verleget werden, wissentlich zu verkauffen, maßen sie sonst, und im Fall sie eydlich zu erhärten nicht vermögen, wie ihnen unwissend gewesen, daß darinnen etwas wider die Religion, oder gute Sitten enthalten sey, jedesmahl mit Zehen Reichsthaler fiskalischer Strafe belegt werden sollen.

FRIEDRICH II. VON PREUSSEN

Fabel vom Zensor-Brummelbär

Vor etwa achtzig, neunzig Jahren,
Vielleicht sinds hundert oder mehr,
Als alle Tiere hin und her
Noch hochgelahrt und aufgekläret waren,
Wie jetzt die Menschen ohngefähr;
– Sie schrieben und lektürten sehr,
Die Widder waren die Skribenten,
Die andern: Leser und Studenten,
Und Zensor war: Der Brummelbär. –

Da kam man supplicanto ein,
»Es sei unschicklich und so klein,
Um seine Worte und Gedanken
Erst mit dem Brummelbär zu zanken:
Gedanken müßten zollfrei sein.«
Der Löwe sperrt den Bären ein,
Und tat den Spruch: »Die edle Schreiberei
Sei künftig völlig frank und frei.«

Der schöne Spruch war kaum gesprochen,
So war auch Deich und Damm gebrochen.
Die klügern Widder schwiegen still,
Laut aber wurden Frosch und Krokodil,
Seekälber, Skorpionen, Füchse,
Kreuzspinnen, Pavianen, Lüchse,

Kauz, Natter, Fledermaus und Star,
Und Esel mit den langen Ohren u. a.
Die schrieben alle nun und lieferten Traktate;
Vom Zipperlein und von dem Staate,
Vom Luftballon und vom Altar,
Und wußten alles auf ein Haar,
Bewiesen alles sonnenklar,
Und rührten durcheinander gar,
Daß es ein Brei und Greuel war.

Der Löwe ging mit sich zu Rate
Und schüttelte den Kopf und sprach:
»Die besseren Gedanken kommen nach;
Ich rechnete, aus angestammtem Triebe,
Auf Edelsinn und Wahrheitsliebe –
Sie waren es nicht wert, die Sudler klein und groß;
Macht doch den Bären wieder los!«

MATTHIAS CLAUDIUS

Die Zensur war kleinlich und frech und machte sich täglich lächerlicher und verhaßter, die harmlosesten Dinge wurden gestrichen ... Ohne Zensur durfte nichts, gar nichts gedruckt werden. Nicht einmal ein Anschlag zum Privatgebrauch. Wenn ein Hauswirt für seine Mietsleute einen Zettel drucken lassen wollte: »Der Abtritt muß gereinigt werden«, so bedurfte das erst der Genehmigung der hochlöblichen Zensur.

HOFFMANN VON FALLERSLEBEN

Kaum wird durch Buchdruckerei Kultur allgemeiner verbreitet, so macht sich schon die Zensur nötig, um dasjenige einzuengen, was bisher in einem natürlich beschränkten Kreise frei gewesen war.

JOHANN WOLFGANG VON GOETHE

Am lächerlichsten ist, was sie *(die Schächer an der Spitze Teutschlands)* über Presse-

freiheit verfügt, sie könnten wohl leichter ein Sieb mit Flöhen hüten, als das Gedankenreich in ihre Pferche sperren.
Ich möchte gleich Idyllen dieser neuen diplomatischen Schäfer schreiben und die Not und Angst schildern, in der diese Jammerbilder sich die saure Last aufgeladen haben Ure, Einhörner und sonstiges ungebändigtes Vieh zu weiden; sie werden sich auch in diesem Garten die saftigsten und schmackhaftesten Stechäpfel zum Dessert ziehen. Als ich mein Buch schrieb, habe ich selbst nicht geahnet, daß es bestimmt sei, als die Deklaration des gesunden Menschenverstandes gegen eine Staatsweisheit aufzutreten, die nun in den Karlsbader Beschlüssen auf den Kulminationspunkt der Verrücktheit gekommen ist.

JOSEPH VON GÖRRES

Die deutschen Censoren — — — — — —
— — — — — — — — — — — — Dummköpfe

In den Zeitungen wurden die von den Zensoren beanstandeten Stellen durch Striche angedeutet. Ludwig Börne nannte sie Leichensteine.

HEINRICH HEINE

Übrigens bin ich auch von gewissen Grenzen der schriftstellerischen Freiheit überzeugt, nur glaube ich nicht, daß sie durch gesetzlichen Zwang, sondern durch Veredelung des Geschmackes bewirkt werden müssen. Zerstören ist ein unwürdiges Geschäft für eine ausgezeichnete Kraft, solange es noch etwas zu schaffen gibt. Daher die Achtung vor jedem Keim des Lebens im Kopf und Herzen, die nach meinen Begriffen zu einem menschlichen Ideale gehört. Daher eine weise Schonung gegen Meinungen, Empfindungen, Einrichtungen, die einen Keim von Menschenwert enthalten, der einer Entwicklung würdig ist.

FRIEDRICH VON SCHILLER

23. ÜBERSETZUNGEN

Man kann keine Seite Plato ins Hebräische übersetzen.

JACOB BURCKHARDT

Eine Übersetzung ist nur die Rückseite eines schönen Teppichs.

MIGUEL DE CERVANTES DE SAAVEDRA

Es ist ein böses Zeichen, wenn ein Autor ganz zu übersetzen ist, und ein Franzose könnt' es so ausdrücken: Ein Wunderwerk, das einer Übersetzung fähig ist, ist keiner wert.

JEAN PAUL

Es ist überhaupt kein gutes Zeichen, wenn ein Deutscher ins Französische gut zu übersetzen ist; daher an Lessing, Herder, Goethe usw. unter anderem auch dies zu schätzen ist, daß einer, der kein Deutsch kann, sie gar nicht versteht.

JEAN PAUL

Ein Dichter läßt sich nicht übersetzen.

FRANZ GRILLPARZER

Ist es nicht sonderbar, daß eine wörtliche Übersetzung fast immer eine schlechte ist? Und doch läßt sich alles gut übersetzen. Man sieht hieraus, wieviel es sagen will, eine Sprache ganz verstehen; es heißt, das Volk ganz kennen, das sie spricht.

GEORG CHRISTOPH LICHTENBERG

In der übertriebenen Abneigung gegen schlechte Übersetzungen, gegen Übersetzungen überhaupt, liegt eine gewisse Verzärteltheit. Große Originale leuchten auch aus unbeholfenen Reproduktionen unzerstörbar hervor.

CHRISTIAN MORGENSTERN

Eine Übersetzung ist entweder grammatisch, oder verändernd, oder mythisch. Mythische Übersetzungen sind Übersetzungen im höchsten Stil. Sie stellen den reinen, vollendeten Charakter des individuellen Kunstwerks dar. Sie geben uns nicht das wirkliche Kunstwerk, sondern das Ideal desselben ...
Grammatische Übersetzungen sind die Übersetzungen im gewöhnlichen Sinn. Sie erfordern sehr viel Gelehrsamkeit, aber nur diskursive Fähigkeiten.
Zu den verändernden Übersetzungen gehört, wenn sie echt sein sollen, der höchste poetische Geist ... Er (der Übersetzer) muß der Dichter des Dichters sein und ihn also nach seiner und des Dichters eigner Idee zugleich reden lassen können. In einem ähnlichen Verhältnis steht der Genius der Menschheit mit jedem einzelnen Menschen.

NOVALIS

Ich habe eine Vorliebe für die Übersetzer, sie haben schon jetzt ihre Belohnung. Aus ihren Vorreden leuchtet die Zufriedenheit! Die Nachwelt vergißt sie wahrscheinlich, aber die Gegenwart hat sie so gern. Ihre Arbeit bezahlt sich sofort und das ist ihm schon etwas wert.

SILVESTRE DE SACY

24. DIE KUNST DER ABSCHRIFTSTELLEREI

Autoren, die bestohlen werden, sollten sich darüber nicht beklagen, sondern freuen.

In einer Gegend, in der Waldfrevel nicht vorkommt, hat der Wald keinen Wert.

MARIE VON EBNER-ESCHENBACH

Ein literarischer Dieb, der sich das Stehlen recht sauer werden läßt, kann sein lebelang für einen originellen und ehrlichen Mann gelten.

MARIE VON EBNER-ESCHENBACH

In dem Kasten, den ich jetzt durchsucht habe, hatten sich sehr viele Schriften befunden, die ich als Jüngling abgefaßt habe. Alle sind mir entwendet worden und ich weiß wohl, wer sie versteckt hält. Doch einen literarischen Diebstahl stellt man in milderem Licht dar, freilich mit ebenso wenig Berechtigung wie Kleiderhändler den Diebstahl eines Tuches, Fuhrleute den Diebstahl eines Weinfasses, Müller den Diebstahl eines Mehlsackes. Aber zugegeben, es sei kein schweres Vergehen, die Schränke eines andern zu erbrechen und daraus zu entwenden, was man geheim halten wollte: ist es auch ein geringes Verbrechen, wenn einer das, was man nicht veröffentlichen wollte, durch ungereimte Zusätze entstellt und in einer für den Verfasser entehrenden Weise herausgibt? Wie die Welt darüber urteilt, ist mir unbekannt; ich würde mich weniger ärgern, wenn mir einer, wie es mehr als einmal vorgekommen ist, Geld aus dem Schrank entwendete. Wer dergleichen verübt, wird gekreuzigt, jene nennt man Gelehrte. Ich meine, solche Gelehrte verdienen nicht gehenkt, sondern in Papierrauch erstickt zu werden. Was wird man nicht nach meinem Tode wagen, wenn man sich derartiges schon bei meinen Lebzeiten herausnimmt!

ERASMUS VON ROTTERDAM

Woher ich dies und das genommen?
Was geht's euch an, wenn es nur mein ward?
Fragt ihr, ist das Gewölb vollkommen,
Woher gebrochen jeder Stein ward?

EMANUEL GEIBEL

Gehört nicht alles, was die Vor- und Mitwelt geleistet, dem Dichter von Rechts wegen an? Warum soll er sich scheuen, Blumen zu nehmen, wo er sie findet? Nur durch Aneignung fremder Schätze entsteht ein Großes. Hab' ich nicht auch im Mephistopheles den Hiob und ein Shakespearelied mir angeeignet?

JOHANN WOLFGANG VON GOETHE

Tempelraub ist's zwar nicht, wenn einer den andern ausschreibt, weil so manche Bücher mitnichten Tempel sind, wohl aber Strohhütten und Marktschreierbuden.

FRIEDRICH GOTTLIEB KLOPSTOCK

 Anderer Leute Wein auf Bouteillen ziehen und sich dabei ein bißchen benebeln, daß man glaubt, er gehöre ihm. So etwas tun die meisten deutschen Schriftsteller.

GEORG CHRISTOPH LICHTENBERG

Wenn man sich einmal einen Gedanken eines andern ein wenig zu nutze macht, so schreien alle Rezensenten: Halt den Dieb! Dieses kommt mir vor als wie, wenn sich ein Knabe hinten auf eine Kutsche setzt, so rufen alle andern, die die Freude nicht haben können, dem Kutscher zu: Es sitzt einer hinten auf!

GEORG CHRISTOPH LICHTENBERG

Ist in meinem Buche was, das mir gaben andre Leute,
Ist das meiste doch wohl mein, und nicht alles fremde Beute;
Jedem, der das Seine kennet, geb' ich willig seines hin;
Weiß wohl, daß ich über manches dennoch Eigner bleib' und bin;

Zwar ich geb auch gerne zu, daß das meine böses heiße,
Gar genug! wann fremdes Gut recht zu brauchen ich mich fleiße.

FRIEDRICH VON LOGAU

Manche Leser wollen, daß ein Autor niemals über Dinge spreche, von denen schon andere gesprochen haben. Tut er es, so werfen sie ihm vor, er sage nichts Neues. Beim Ballspielen benützt der eine genau denselben Ball wie der andere. Aber der eine wirft ihn besser. Man könnte einem Autor gerade so gut vorwerfen, daß er sich der alten Worte bediene: als ob dieselben Gedanken in anderer Anordnung nicht einen anderen geistigen Organismus bildeten, genau so wie die Worte in anderer Anordnung andere Gedanken bilden.

BLAISE PASCAL

Sieben alte Bücher hecken leicht ein neues aus.

SPRICHWORT

Da die Alten in ihren Schriften alle Dinge gesagt haben, können die neueren Schriften das gleiche nur kürzer sagen.

KARL JULIUS WEBER

BÜCHER *sind die großen Schatzhüter des Menschengeschlechts. Das beste, was je gedacht und erfunden wurde, bewahren sie aus einem Jahrhundert in das andere; sie verkünden, was nur einst auf Erden lebendig war. Hier steht, was wohl tausend Jahre vor unserer Zeitrechnung geschaffen wurde, und dicht daneben, was erst vor wenigen Wochen in die Welt wanderte.* GUSTAV FREYTAG

›IV‹

25. BUCH UND GEMEINSCHAFT

Es kommt auf die Lebenswerte des Buches an. Alles, was Besitz heißt und damit auch Bildung und Kultur, darf nicht für den Einzelnen fruchtbar und eine Freude sein, sondern muß es auch für die Gesamtheit werden.

EUGEN DIEDERICHS

Es ist so traurig, für sich allein zu schreiben, wenn man es mit dem Leben überhaupt ernsthaft und redlich meint. Ich möchte am liebsten mein ganzes Sinnen, Trachten und Leben, mit all seinen Bestrebungen, Hoffnungen, Mängeln und Irrtümern, meiner Nation, der es geweiht ist, zu strenger Würdigung und Beratung darlegen.

JOSEPH FREIHERR VON EICHENDORFF

Keine Nation hat ein Urteil als über das, was bei ihr getan und geschrieben ist.

JOHANN WOLFGANG VON GOETHE

Und doch bleibt es immer und ewig, daß der Teil an Literatur, der sich aufs Volk bezieht, volksmäßig sein muß, oder er ist klassische Luftblase, doch bleibt immer und ewig, daß, wenn wir kein Volk haben, wir kein Publikum, keine Nation, keine Sprache und Dichtkunst haben, die unser sei, die in uns lebt und wirkt. Unsere klassische Literatur ist Paradiesvogel, so bunt, so artig, ganz Flug, ganz Höhe und – ohne Fuß auf die deutsche Erde.

JOHANN GOTTFRIED VON HERDER

Es hat Zeiten gegeben, da wir nur noch durch den Buchhandel eine Nation waren.

JOSEF NADLER

Nur diejenigen Kunstwerke haben Anspruch auf Dauer, in denen die Nation sich wiederfindet.

WILHELM RAABE

 Der Engländer und Franzose hat nur eine Londoner und Pariser Literatur, wir aber haben eine deutsche Literatur und würden sie nicht haben können ohne die großen gemeinsamen Anstalten, welche der Buchhandel für Deutschland ins Leben geführt hat... Halbjährlich erscheint ein allgemeines Verzeichnis aller in Deutschland neu herausgekommenen Schriften; allgemein deutsche gute und richtige Bücherkataloge machen es nebst anderen literarischen Hilfsmitteln und den allgemeinen, die ganze deutsche Literatur umfassenden kritischen Anstalten möglich, daß die Literatur der verschiedenen deutschen Länder als ein einziges Ganze erscheinen kann. Diese in ihrer Art einzigen Vorzüge und Eigentümlichkeiten des deutschen Buchhandels sind nicht durch Gesetze, nicht von Staats wegen durch die Regierungen gegründet, sondern von selbst wie durch einen nationalen Natursinn entstanden, und auch gegenwärtig bedarf der Buchhandel wie jeder andere Handel nur der Freiheit und keiner besonderen Begünstigung, aber fordern kann derselbe, daß er wie ein Nationalgut und Nationalinstitut geachtet werde und im ganzen Bereiche des deutschen Bundes gleichen Schutz und gleiche gesetzliche Ordnung für seine Verhältnisse finde.

FRIEDRICH CHRISTOPH PERTHES

Oh, ihr Dichter und Schriftsteller Deutschlands, sagt und schreibt nichts, euer Volk zu entmutigen, wie es leider von euch, die ihr die stolzesten Namen in Poesie und Wissenschaft führt, so oft geschieht! Scheltet, spottet, geißelt, aber hütet euch, jene schwächliche Resignation, von welcher der nächste Schritt zur Gleichgültigkeit führt, zu befördern oder gar sie hervorrufen zu wollen.

WILHELM RAABE

Die Nation ist keine Quinta oder Sexta, und wahrlich schwer, sie belehren zu wollen. In allen Dingen gilt der gute Wille, doch hier gewiß nicht.

LEOPOLD VON RANKE

Kein Schriftsteller, so sehr er auch an Gesinnung Weltbürger sein mag, wird in der Vorstellungsart seinem Vaterland entfliehen.

FRIEDRICH VON SCHILLER

Werke der Dichtkunst wirken gut oder schlecht auf die gesamte Menschheit, mithin auch auf den Staat.

ADALBERT STIFTER

Die künstlerische Gestaltung jedes Buches – des billigen und des wissenschaftlichen – dieses ist das zeitgenössische Problem.

K. TICHONOFF

Ein einziger Dichter, der sein Volk durchgängig zu entzünden vermochte, hat sein Volk oft in einem Buch mehr gehoben, als jahrelange Belehrungen und vortreffliche Gesetze.

ADALBERT STIFTER

Leider haben die Schriftsteller nicht sehr oft zum Volke gesprochen, sie schreiben eine Modesprache, die man nicht versteht, die nur von einem Schriftsteller zum andern klingt, und die nicht in das Volk dringt, und doch ist die Größe des Volkes das, zu dem man sein Wort, sein Bild, seine Belehrung kommen lassen soll, wie es im alten Griechenland war.

ADALBERT STIFTER

Lectio, sine meditatione, arida est; meditatio, sine lectione erronea.
Lesen ohne Nachdenken macht stumpf, Nachdenken ohne Lesen geht irre.

BERNHARD VON CLAIRVAUX

26. BÜCHER ALS GESCHENKE

Ich finde und habe immer gefunden, daß sich ein Buch gerade vorzugsweise zu einem freundschaftlichen Geschenk eignet. Man liest es oft, man kehrt oft dazu zurück, man naht sich ihm aber nur in ausgewählten Momenten, braucht es nicht wie eine Tasse, ein Glas, einen Hausrat in jedem gleichgültigen Augenblick des Lebens und erinnert sich so immer des Freundes im Augenblick eines würdigen Genusses.

WILHELM VON HUMBOLDT

Wer ein gutes Buch verschenkt, der gibt mehr als Geld, Brot, Arbeit, er gibt Friede, Freude und Frohsinn.

HERMANN LÖNS

27. VON SCHÖNEN BÜCHERN UND IHREN SAMMLERN

Wenn ein Buch auf schön weiß Papier mit einer frischen Schrift und guter Druckerschwärze abgedruckt vorgelegt wird, ist's vergnüglich anzusehen . . . Der eines Buches Inhalt erfahren will, muß seine Augen drauf wenden und je schlimmer Papier und Druck, je schädlicher dem Gesichte. Derwegen es die Verleger aus keiner Wollust tun, sondern zu der Gelehrten Nutzen und zu ihrer Gesundheit alles gerne auf fein Papier drucken ließen, wenn es nur nach Würden wollte bezahlet werden.

ADRIAN BEIER

Ein Buch wird um so mustergültiger, je reiner die einfache Schönheit der Typen in ihm zur Wirkung kommt. Aus ihr spricht, in ihr beruht, mit einem Wort der Ruhm der Buchkunst.

GIAMBATTISTA BODONI

Erst dann sind wir Bibliophilen, wenn wir als Bücherfreunde und Liebhaber das neue Werden, das Suchen nach einem neuen Lebensstil bewußt miterleben und es fördern.

EUGEN DIEDERICHS

Nicht die haben die Bücher recht lieb, welche sie unberührt in den Schränken aufheben, sondern, die sie Tag und Nacht in den Händen haben, und daher beschmutzet sind, welche Eselsohren darein machen, sie abnutzen und mit Anmerkungen bedecken.

ERASMUS VON ROTTERDAM

... wir aber broschieren jetzt alles und haben nicht leicht vor dem Einband noch seinem Inhalt Respekt.

JOHANN WOLFGANG VON GOETHE

Daß wissenschaftliche Bibliotheken und Literarhistoriker Erstdrucke, wenn sie textliche Eigentümlichkeiten aufweisen, teuer bezahlen, kann ich begreifen, ebenso, daß man alte Bücher, die nur in wenigen Exemplaren vorhanden sind, als Kostbarkeiten betrachtet – vorausgesetzt, daß man für den Inhalt Interesse hat. Unverständlich dagegen ist mir, daß Sammler für ein Buch nur deshalb ein paar hundert Mark mehr ausgeben, weil es zufällig noch unaufgeschnitten ist oder aus dem Besitz eines berühmten Mannes stammt. Diese Bücherliebhaber scheinen mir Kindern zu gleichen, die mit vergoldeten Nüssen spielen und nicht auf den Gedanken kommen, daß so ein glitzerndes Ding auch einen Kern birgt; sie könnten meines Erachtens ebensogut Briefmarken oder Spazierstöcke sammeln.

JULIUS R. HAARHAUS

Bücher im schönen Gewand – ein festlich gekleideter Freundeskreis, der uns mehr geben kann als die auserlesenste Gesellschaft.

KUNO GRAF HARDENBERG

Ich kann meine Bücherliebhaberei nicht belächeln, sie gehört unter den Leidenschaften, die ich im Leben kennenlernte, nicht nur zu den harmlosen und hübschen, sondern auch zu den fruchtbaren.

HERMANN HESSE

Seine Bücherkenntnis war erstaunlich, und er wäre der beste Antiquar des Jahrhunderts gewesen, wenn er vermocht hätte, sich von seinen Schätzen gelegentlich auch zu trennen. Aber sein Lager war lediglich seine Privatbibliothek, die er fortwährend vergrößerte, und in der nur er sich zurechtfand. Verriet man die Absicht, ein Buch zu kaufen, so fühlte er sich gekränkt, machte Ausflüchte und wurde, wenn man nicht locker ließ, grob.

JULIUS R. HAARHAUS

Solange eine Zivilisation existiert, wird es stets eine gewisse Zahl von Menschen geben, welche im Sinn eines edlen Luxus nicht nur bei Gegenständen der allgemeinen Mode mit Eifer das Vollkommene und Höchstwertige suchen, sondern auch bei den Büchern.

HERMANN HESSE

Wenn man die Buchkünstler mit ihrem veredelten Tapezierergeschmack losläßt, machen sie immer eine Viecherei nach der anderen vor lauter Vornehmheit.

JOSEF HOFMILLER

Der bibliophobe Barbar und der bibliophage Banause sind die Gegensätze, die im edlen Bibliophilen eine Art hegelianischer Versöhnung feiern.

JOSEF HOFMILLER

Wie ergreifend ist dieser Marsch dem Stern entgegen, der über allen Ländern, allen Rassen, allen menschlichen Gemeinschaften leuchtet, Hand in Hand hinweg über die Grenzen, vereint in der einen brüderlichen Liebe für die Kunst und mit ein und derselben Begeisterung für den Triumph der Schönheit kämpfend, die ihre Jünger ruft und ihnen die Arme entgegenstreckt! Wahrlich, diese edlen Seelen, die uns hoffen heißen, sind der Kunst und des höchsten Menschheitsgedankens wert.

FRANTZ JOURDAIN

Wir sind Schriftzeichner, Stempelschneider, Holzschneider, Schriftgießer, Setzer, Drucker und Buchbinder aus Überzeugung und aus Leidenschaft, nicht etwa, weil unsere Begabung zu dürftig wäre für andere, höhere Dinge, sondern weil für uns die höchsten Dinge in engster Beziehung dazu stehen. In der still zurückhaltenden, edel durchgebildeten, aufs tiefste in jeder Bewegung erfühlten Schriftform suchen wir uns unser Zeitgefühl auszudrücken.

RUDOLF KOCH

Man glaube nicht, daß irgendein Buch, ja irgendeine Drucksache zu gering sei, um sie auf Schönheit anzusehen. Selbst das bescheidenste Heft kann durch die Druckerkunst geadelt werden, so gut wie die Flugblätter und Eintagsschriften der Alten, die in den Museen aufbewahrt werden. Sucht am Einfachen die Schönheit zu fördern, so sorgt ihr am besten für die Kunsterziehung des Volkes. Und versteckt euch nicht hinter dem Einwande, daß der Geschmack in der Typographie teurer sei als der Ungeschmack.

PETER JESSEN

Der Bücherfreund A: Viel Liebe muß Erast wohl für die Musen hegen.
Er muß ein Bücherkenner seyn.
Auf jeder Messe kauft er schöne Schriften ein.

B: Er kauft sie nicht des Inhalts wegen,
Denn ist es wahr, was ich von seiner Frau erfuhr:
So lieset er die schönen Titel nur.

A: Dann dürft' er ja nur Geld an Katalogen legen.

FRIEDRICH MOHN

Europens Bücher Korf ist fassungslos und er entflieht,
wenn er nur Europens Bücher sieht.
Er versteht es nicht, wie man
zentnerschwere Bände leiden kann.
Und ihm graut, wie man dadurch den Geist
gleichsam in ein Grab von Stoff verweist.
Geist ist leicht und sollte darum auch
leicht gewandet gehn nach Geisterbrauch.
Doch der Europäer ruht erst dann,
wenn er ihn in Bretter »binden« kann.

CHRISTIAN MORGENSTERN

Dasselbe Buch in einer anderen Ausstattung ist wie ein Mensch, der mir irgendwo in der Fremde begegnet und von dem ich kaum zu sagen weiß, ob er mir vom Vorübergehen oder vom Verkehr bekannt sei.

RAINER MARIA RILKE

Xerxes hat, nach Herodot, beim Anblick seines unübersehbaren Heeres geweint, indem er bedachte, daß von diesen allen nach hundert Jahren keiner am Leben sein würde. Wer möchte da nicht weinen, beim Anblick des dicken Meßkataloges, wenn er bedenkt, daß von allen diesen Büchern schon nach zehn Jahren keines mehr am Leben sein wird.

ARTHUR SCHOPENHAUER

»Macht mir ein schönes Buch«, so bat ein Eremit,
Dumm wie ein Mops und strauchlicht wie ein Igel,
Den Büchner Kautz. Der Mann band ihm den Eulenspiegel
In Corduan mit gold'nem Schnitt.

GOTTLIEB KONRAD PFEFFEL

Viel Büchermachens ist kein Ende.

PREDIGER SALOMO

Das Buch glänzt allermeist im Aug' der Welt,
Das goldne Lehr' in goldnen Spangen hält.

WILLIAM SHAKESPEARE

Einst war die Seltenheit der Bücher den Fortschritten der Wissenschaft nachteilig, jetzt ist es deren Überzahl, die verwirrt und eigenes Denken verhindert.

KARL JULIUS WEBER

Es ist ein komisch Ding um einen echten Bibliomanen; jede Auktion ist ihm ein Christmarkt und jeder zugeschickte Katalog ein Weihnachtsgeschenk.

KARL JULIUS WEBER

28. BÜCHERFLUT

Es ist nun schon lange her, daß die Menschen nicht mehr wußten, was sie schreiben sollten; schon gibt es mehr Bücher als Dinge, so daß den neuen Büchern nichts übrig blieb, als die alten Bücher zu beschreiben oder abzuschreiben, gleichsam wie Menschen oder Ratten, wenn sie rings um sich alles verzehrt haben, nun einander selbst anfallen. Die ganze Welt steht jetzt abgebildet, beschrieben, übersetzt, kommentiert, bewiesen und widerlegt, verbessert und neu herausgegeben in Büchern, so daß man jetzt von einem Dinge leichter hundert Stellen angeben kann, wo es geschrieben steht, als wo es selbst steht. Höchstens solche Dinge, die nie und nimmer sind gewesen, wie die Träume der Dichter und Philosophen, können jetzt noch Stoff zu neuen Büchern geben; aber von bloßer Luft kann auch die Literatur nicht leben.

Bei dieser Hungersnot der Bücher nach Dingen ist es kein Wunder, wenn die

meisten, weil sie zu sparsam ernährt zur Welt kommen, fast absterben, sowie sie das Licht erblickt haben; denn die Bücher, denen das neue Buch seinen Ursprung verdankte, waren vielleicht selbst in Not und Elend erzeugt. Um so willkommener muß nun aber jeder neue, frische Gegenstand sein, der sich darbietet; auch ist es gleichgültig, was es sei, denn bei einer Hungersnot speist man Ratten, Mäuse und Spinnen als Leckerbissen; genug, es ist ein neues Ding.
Glücklich das Buch, welches das neue Ding zuerst findet; allein kaum hat es Zeit, satt daran zu werden, so stürzt schon ein zweites, drittes, hundertstes Buch herbei, man sieht das Ding vor den Büchern, die ihre Ätzung daran suchen, bald nicht mehr, sie drängen sich beiseite, reißen sich das Ding aus den Händen, das Geschrei und die Verwirrung werden grenzenlos, bis zuletzt auch Haut und Knochen verzehrt sind und der alte Hunger wieder eintritt, wo sie allmählich matt die Flügel hängen lassen, und man ihre Leichname karrenweise fortschafft.

GUSTAV THEODOR FECHNER

Es wird so entsetzlich viel gedruckt, daß man weder Vernünftiges noch Unvernünftiges hört, was man nicht soeben gelesen hätte.

JOHANN WOLFGANG VON GOETHE

Bücher werden jetzt nicht geschrieben, um gelesen zu werden, um sich daraus zu unterrichten und zu belehren, sondern um rezensiert zu werden, damit man wieder darüber reden und meinen kann.

JOHANN WOLFGANG VON GOETHE

Jetzt, da jeglicher liest, und viele das Buch nur
Ungeduldig durchblättern und, selbst die Feder ergreifend,
Auf das Büchlein ein Buch mit seltener Fertigkeit pfropfen,
Soll auch ich, du willst es, mein Freund, dir über das Schreiben
Schreibend, die Menge vermehren und meine Meinung verkünden,
Daß auch andere wieder darüber meinen, und immer
So ins Unendliche fort, die schwankende Woge sich wälze.

JOHANN WOLFGANG VON GOETHE

Bei dem Vielschreiben, welches in Deutschland sich immer vermehren wird, ist offenbar, daß es oft an würdigem Stoff fehlt, welcher dem Autor Gelegenheit gäbe, sein Talent vorteilhaft zu zeigen. Tut sich irgendwo zuhause und in der Fremde ein anziehender Gegenstand hervor, gleich sind mehrere Hände bereit, ihn zu ergreifen und zu reproduzieren, es sei durch Nachahmen, Umarbeiten, Übersetzen, und wie es sich nur einigermaßen schicken will.

JOHANN WOLFGANG VON GOETHE

. . . Unser Dasein starrt von Büchern. Die trivialsten Gespräche der Menschen lassen sich auf ihnen nieder wie die zwitschernden Sperlinge auf den Telegraphendrähten. Manchmal kommen Momente, wo man ihr Vorhandensein als etwas Grauenhaftes empfindet und ihre Massenhaftigkeit als einen entsetzlichen Alpdruck . . .

HUGO VON HOFMANNSTHAL

Wie es in der Welt so geht –
Weiß man was geschah?
Und was auf dem Papiere steht,
Das steht eben da.

JOHANN WOLFGANG VON GOETHE

Der einzige Fehler, den die recht guten Schriften haben, ist der, daß sie gewöhnlich die Ursache von sehr vielen schlechten oder mittelmäßigen sind.

GEORG CHRISTOPH LICHTENBERG

Acht Bände hat er geschrieben. Er hätte gewiß besser getan, er hätte acht Bäume gepflanzt oder acht Kinder gezeugt.

GEORG CHRISTOPH LICHTENBERG

Man kann sicher bei verschlossenen Augen in das erste beste Buch den Finger auf eine Zeile legen und sagen: hierüber ließe sich ein Buch schreiben. Wenn man die Augen auftut, so wird man sich selten betrogen finden.

GEORG CHRISTOPH LICHTENBERG

Die Wälder werden immer kleiner, das Holz nimmt ab, was wollen wir anfangen? O, wenn die Wälder ausgehauen sind, können wir sicherlich so lange Bücher brennen, bis neuer Vorrat angewachsen ist.

GEORG CHRISTOPH LICHTENBERG

Bücherflut Des Bücherschreibens ist so viel; man schreibet sie mit Haufen.
Niemand wird Bücher schreiben mehr, so niemand sie wird kaufen.

FRIEDRICH VON LOGAU

Warum kann ein Schriftsteller nicht schweigen, wenn er nichts Neues zu sagen hat? – Nun, er ordnet die Sachen »unter neuen Gesichtspunkten!« – Dann ist er freilich ein kluger Mann. Es ist dasselbe, als ob er in meine Bibliothek käme und die Bücher unten aufstellte, die oben stehen, und oben, die unten stehen – ein wahres Meisterstück!

CHARLES DE MONTESQUIEU

Bücher-Schreiber betrügen: 1) Wenn sie ihren Büchern grosse weitläuftige und sehr prächtige Titul geben, und darinnen mehr versprechen, als in dem Buch selbst *præsti*ret wird und zu finden ist. 2) Wenn sie von gelehrten und berühmten Leuten *Carmina* und Vorreden erbetteln, und diese veranlassen, daß sie darinnen ihre, der *Auctorum*, Gelehrsamkeit und erlangten Ruhm in dieser oder jener *Science*, davon sie schreiben, heraus streichen. 3) Wenn sie selbst unter dem Nahmen eines gelehrten Mannes *Carmina* und *Præfationes*, darinnen sie von ihrer Gelehrsamkeit viel *Dicentes* machen, verfertigen, und hernach ihren Büchern vordrucken lassen, wie dieses sonderlich Hr. *Menckenius de Charlataneria eruditorum p. 47.* an vielen mit Recht *carpi*rt. *4)* Wenn sie in ihre Bücher viele und weitläuftige *Digressiones* oder Ausschweiffungen machen, und Dinge mit einmischen, die gar nicht zur Sache gehören, nur damit ihnen vom Verleger desto mehrere Bogen bezahlet werden. 5) Wenn sie die Bücher der Alten, so gut sind, vernichten, das ihrige aber selbst aus denselben nehmen, und sie nicht einmal *allegi*ren. 6) Wenn sie aus vielen Büchern etwas zusammen schreiben, und es nachgehends vor ihre eigene *Invention* ausgeben. 7) Wenn sie ihre Bücher aus *Affecten*, oder um Genusses willen schreiben, und darinnen Leute, welche in keinem guten Ruf noch lobenswürdig, besonders heraus streichen, und ihre un*justificir*liche Thaten zu sehr vertheidigen, oder andere ehrliche wackere Leute verunglimpffen und verkleinern. 8) Wenn sie aus der Bibel, denen *Patribus*, *Corpore Juris* und andern guten Schriften *Loca alligi*ren, das beste aber, und insonderheit, was ihrer *Hypothesi* zuwider, nach Art des Satans, aussen lassen. 9) Wenn sie nach der *Censur* noch andere neue und verdächtige Dinge mit einsetzen, und unvermerckt bekant machen. 10) Wenn sie aus *Auctoribus*, so nicht allzu bekant, falsche *Allegata* machen, auch wohl gar Bücher, *Diplomata* und andere Dinge, aus *Archiv*en *allegi*ren, die niemals *in rerum natura* gewesen sind. 11) Wenn sie ihren Büchern, so unter den ersten Tituln nicht abgehen wollen, andere Mäntelgen umthun, und einen neuen Titul geben. 12) Wenn sie in ihren Vorreden erwehnen, daß gelehrte oder *renomi*rte Leute, ihr *Scriptum* der gelehrten Welt oder dem *Publico* zum Nutzen heraus zu geben, sie angefrischet, da doch wol niemand daran gedacht, sondern ihre Eigen-Ehre oder Eigen-Nutz sie allein darzu bewogen. 13) Wenn sie denen Buch-Händlern ihre Arbeit, als etwas recht rares, *curieus*es und viele Liebhaber findendes Werck heraus streichen, mithin dieselbe zum Verlag beschwatzen, da diese doch hernach nichts anders, als gewisse Laden-Hüter und *Maculatur*en, an dem vermeynten schönen Wercke bekommen. 14) Wenn sie ihre eigene Arbeit für fremde, und solche, die sie aus andern Sprachen in das Teutsche oder Lateinische übersetzet, ausgeben, um dadurch deren Abgang desto mehr zu befördern, oder, da das Buch angefochten wird, dessen Vertheidigung überhoben zu seyn. 15) Wenn sie denen Buch-Händlern eine schöne *Sciagraphiam*, *Prodromum* oder Probe von einem unter der Feder habenden Wercke weisen, und darauf mit ihnen, solche auf eine gewisse Zeit zu liefern, *accordir*en, hernach aber auf die bestimte Zeit entweder nicht einhalten, oder das Werck über Hals und über Kopf es mag gerathen wie es will, und der Probe gemäß seyn, oder nicht, ausfertigen. 16) Wenn sie von ihren in gewisse Absätze eingetheilten Schriften, einen Theil nach dem andern heraus zu geben, in dem ersten versprechen, hernach aber mit allen oder theils übrigen, welche sie nicht ausarbeiten mögen, oder können, zu Hause bleiben. 17) Wenn sie in ihren Büchern von vielen *Arcanis*, Künsten und *Inventis* Meldung thun, solche dabei vor *practicable* und bewährt, auch wol mit Beysetzung eines *Probatum est* ausgeben, da doch keines deren in der Probe bestehet und zu gebrauchen ist. 18) Wenn sie in den *Biographiis* oder Lebens-Beschreibungen die Personen nicht beschreiben, wie sie gewesen, sondern nur wie sie hätten seyn sollen. 19) Wenn sie auf denen von ihnen *edirt*en Büchern ihren Nahmen zu des Nechsten Nachtheil verschweigen. 20) Wenn sie eine neuere Jahr-Zahl auf das Titul-Blatt setzen, als das Buch herausgekommen.

Mittel: 1) Daß aller Orten die Obrigkeiten, durch gewissenhafte und geschickte *Censores*, die herauszugebende Schriften genau *censir*en, und auf obige angeführte Stücke besonders mit Achtung geben lasse, damit weder Verleger noch Käuffer mit solchen nichtswürdigen Papieren angeführet, auch kein *Scriptum* ohne beygedruckten Rahmen des *Censoris* oder dessen Obrigkeit an das Tage-Licht gestellet werde.

AUS HÖNN'S BETRUGSLEXIKON (1743)

Poeten betrügen: 1) Wenn sie sich vor gekrönte ausgeben, und nicht sind. 2) Wenn sie ihre Verse aus andern *Carminibus* zusammen stoppeln, und einen *Centonem* oder geflickten Bettlers-Mantel machen. 3) Wenn sie gantze *Carmina*, die sie etwa von entlegenen Orten her gesammlet, umdrucken lassen, und vor ihre eigene *Invention* ausgeben. 4) Wenn sie mit Fleiß schwere und in die *Mythologie* lauffende Redens-Arten in die *Carmina* einmischen, um bey denen Unverständigen das Ansehen eines gelehrten Poetens zu erhalten. 5) Wenn sie ihre Gedichte mit übermäßigen Lobsprüchen anfüllen, und damit die Personen, denen sie solche zu Ehren schreiben, biß in Himmel erheben, solcher gestalt aber entweder die Tugenden der belobten Personen vergrössern, oder aber derselben Laster bekleistern. 6) Wenn sie aus dem Lateinischen, Frantzösischen oder Italiänischen etwas übersetzen, im Druck aber vor *Auctores* sothaner *Invention* wollen gehalten seyn. 7) Wenn sie in ihre *Carmina* anzügliche Dinge mit einfliessen lassen, und dadurch diejenige, vor welche die *Carmina* gedruckt werden, oder andere unter dem Deckmantel *fingir*ter Nahmen anstícheln und blamieren. 8) Wenn sie aus *Ana*- und

 Paragrammatibus, *Eteostichis* und andern dergleichen *Lusibus Ingenii* oder Spiel-Gedichten einige *Omina* und *fatale* Begebnisse prophezeyen, und dem Leser weiß machen wollen. 9) Wenn sie nach beschehener *Censur* eines *Carminis* noch eines und das andere, welches sie vor der *Censur* hineinzusetzen sich nicht getrauet, und zum Nachtheil des *Tertii* gereichen kan, dazu thun. 10) Wenn sie zweydeutige *Carmina*, obschon auf eine gekünstelte, doch unzuläßige Art, verfertigen, welche zu des andern Lob- und Beschimpffung, nachdem man sie lieset, gereichen können, wovon in Weisens politischen Näscher *p. 140.* auf einen *Grad*-süchtigen *Magistrum*, ein Exempel stehet. 11) Wenn sie sich Lieder zueignen und vor ihre Arbeit ausgeben, welche sie doch nicht gemacht haben, wie insonderheit mit dem bißher *controvertir*ten Lied: Wer weiß, wie nahe mir mein Ende etc. wovon so wol Hr. Wetzels *Hymnopeographia* oder Lieder-Historie *P. I. p. 1. sq.* als auch Hrn. Gregorii GOtt gefälliger Glantz der Warheit, *ed.* Franckf. 1719. umständlich nachzulesen, geschehen ist.

Mittel: Vorstehenden Arten von Poetischen Betrügereyen könte einiger massen durch *accurate Censur* derer *Carminum* und Bücher, und daß solche so bald nach beschehener *Censur* nicht dem *Autori*, sondern von dem *Censore* dem Buchdrucker so gleich einzuhändigen, abgeholffen werden.

AUS HÖNN'S BETRUGSLEXIKON (1743)

Die Notwendigkeit des Kochbuches ist ein mildernder Umstand für die Erfindung der Buchdruckerkunst.

JOSEF HOFMILLER

Die Entfernung von vielen Büchern zwingt mich mehr zum freien, stillen, eignen Nachdenken.

WILHELM VON HUMBOLDT

Verbietet die Polizei unreifes Obst, saures Bier zu verkaufen, warum nicht auch unreife Bücher?

RUDOLF VON IHERING

Es ist erstaunlich, welch eine Fülle von Unsinn vermittels der möglichen Umgruppierung von doch bloß 25 Buchstaben täglich gedruckt wird.

WILHELM JUNK

Die Druckpresse ist ein Arsenal; sie darf der Allgemeinheit nicht zugänglich gemacht werden; Bücher dürfen nur von Personen gedruckt werden, die das Vertrauen der Regierung besitzen.

NAPOLEON I

Kaum einer aber, der liest, hört noch, was er liest, und wenige nur, die schreiben, fühlen, daß es eine Sprache ist, die sie handhaben, eine Sache der sinnvollen Laute, eine Sache des Worts, des Anfangs, der das *Werde* sprach; nicht eine Schrift: eine Reihe von Zeichen, ein Gedankliches, Vermittelndes, ein Unklingendes, Lautunsinnliches, Lautgelöstes, das ohne Sang und Klang gelesen und aufgenommen werden kann.

RUDOLF G. BINDING

Das Druckenlassen verhält sich zum Denken wie eine Wochenstube zum ersten Kuß.

FRIEDRICH SCHLEGEL

Mit der Pressefreiheit geht es dem Staate wie gewissen Gutsbesitzern, sie öffneten human ihre Gärten dem Publikum und sahen sich wegen Unfugs aller Art genötigt, sie wieder zu schließen; sie erlaubten Armen, in ihrem Wald sich Laub und dürre Zweige zu sammeln, und sie stahlen das Holz klafterweise. Gern hätte manche Obrigkeit Tanz und Musik im Wirtshause die ganze Nacht verstattet, aber es gab Räusche, Prügeleien, Mord und Totschlag – man mußte die Stunde Zehn zur Polizeistunde machen. Cerberi müssen als auch bei der Bücherwelt sein.

KARL JULIUS WEBER

30. BÜCHER UND FRAUEN

Die Wahl

Die edlen Bücher dort auf dem Regale
sind Ernte aus dreitausend Jahren Geist;
darüber leuchten frischgepflückt und dreist
die Früchte dieses Herbstes aus der Schale.

Jetzt wähle, blonde Frau im weißen Schale:
Willst du das Buch, darin die Weisheit kreist?
Willst du die Frucht, darin sich Gott beweist?
Uns ist die Welt in diesem stillen Saale.

Welt aller Anmut, wenn sich leicht und leise
dein junger Leib nun auf die Zehen hebt
und du die Rechte nach der Schale rührst,

nicht ahnend, wie nach alter Zauberweise
in deiner Hand der rote Apfel bebt
und du mit Evas Lächeln mich verführst.

MAX ALLENSPACH

Dem Dichter Dryden machte die Gattin zum Vorwurf, er liebe die Bücher zu viel, sie zu wenig. »Ein Buch möchte ich sein,« schluchzte sie, »dann würdest du dich auch wohl einmal mit mir beschäftigen.« »Gern einverstanden, Liebste«, beruhigte sie der Hartherzige und fügte dem Wunsch die Bitte hinzu: »Denn wenn du ein Kalender werden könntest, bekäme ich dich alle Jahre in neuer Auflage.«

JOHN DRYDEN

Es geht den Büchern wie den Jungfrauen. Gerade die besten, die würdigsten bleiben oft am längsten sitzen. Aber endlich kommt doch einer, der sie erkennt und aus dem Dunkel der Verborgenheit an das Licht eines schönen Wirkungskreises hervorzieht.

LUDWIG FEUERBACH

Feminae librorum, libri feminarum inimici. Sed viris libri sunt utiles dulcesque.

GRAMMATICUS MONASTERIENSIS

Harnisch, Frauen und Buch bedürfen täglich Versuch.

SPRICHWORT

Man kann eine Frau und einen mittelmäßigen Schriftsteller niemals so sehr loben, wie sie selber es tun.

LUC CLAPIERS MARQUIS DE VAUVENARGUES

Wie kann man bei der Wahl schwanken, ob man sein Leben den Frauen oder den Büchern weihen soll!! Kann man eine Frau, wenn sie ihre Launen hat, zuklappen und ins Regal stellen? Wanderte schon einmal ein Buch, ohne dich zu fragen, einfach aus deinem Zimmer weg in den Bücherschrank eines anderen? Hat je ein Buch, stand dir gerade die Lust zu einem andern, wolltest du schlafen oder auch nichts tun, von dir verlangt, du solltest gerade jetzt es lesen und ihm allein dich widmen? Werden die Suppen von Büchern versalzen? Können Bücher schmollen, Klavier spielen? Einen Mangel freilich haben sie: sie können nicht küssen.

HANS VON WEBER

Bücher wirken wie Mädchen: guckt man zu tief in sie hinein, wird man ganz dußlicht; mit Maß und Zahl aber machen beide nur desto heiterere und brauchbarere Leute.

KARL JULIUS WEBER

31. VERFÜHRER BUCH

Wir lasen eines Tags zu unsrer Lust,
Wie Lancelot von Liebe ward umstrickt;
Wir war'n allein und dachten an nichts Böses,

Nur einge Male fing sich unser Blick
Beim Lesen und verfärbte unser Antlitz;
Doch was entschied, war nur die eine Stelle:

Als wir gelesen, wie ersehntes Lächeln
Von jenem Liebesritter ward geküßt,
Da hat auch er, der ewig bei mir bliebe,

Den Mund geküsset mir mit heißem Beben.
Ein Kuppler war das Buch und der es schrieb!
An diesem Tage lasen wir nicht mehr.

DANTE ALIGHIERI

DEUTSCH VON H. A. PRIETZE

O sei mein Buch drum meine Redekunst
Und stummer Künder meiner Brust die fragt!
Es fleht um Liebe und schaut aus nach Gunst
Mehr als der Mund der mehr schon mehr gesagt.
O lern verstehn was stille Liebe schrieb!
Mit Augen hören – das kann kluge Lieb.

WILLIAM SHAKESPEARE

DEUTSCH VON STEFAN GEORGE

32. VOM RECHTEN BUCHKAUF

Ich wünsche, ihr gäbet mir soviel Gelegenheit, mir Bücher zu kaufen, daß ich darüber mein Hausgerät verpfänden müßte.

LORENZO MEDICI

Mein Rat ist nicht, daß man ohne Unterschied allerlei Bücher zusammenraffe und nur an die Menge denke. Ich wollte die Wahl darunter haben und mit rechtschaffenen Büchern meine Librerei versorgen und gelehrte Leute darüber zu Rate ziehen.

MARTIN LUTHER

Ohn Ursach ist das nit getan
Auf mein libri ich mich verlan
Hier findt man der Welt ganzen Lauf
Die Büchlein sind gut zu dem Kauf.

SEBASTIAN BRANT

An einem Buchladen Heiß' nicht gut, was Deinen Gefallen fand,
laß' Dir gefallen, was Du als gut erkannt.

AUS EINER SPRUCHSAMMLUNG, AMSTERDAM 1717/18

KEINE KUNST braucht zur Vollendung mehr Liebe als die Kunst der Letter, keine mehr Innerlichkeit und mehr Demut.

Sie selbst denkt nicht ans Strahlen. Das unsichtbar Geistige soll leuchten. Die Wortwunder der Dichter und Weisen werden durch sie lebendig und geben ab von ihrem Mut, ihrem Märchenglanze, ihrer Wahrhaftigkeit und Kraft jedem, der will.

Christian H. Kleukens

›V‹

33. GELOBET SEI DER LÖBLICH FUND DER EDLEN TRUCKEREY

Die Buchdruckerkunst ist fürwahr diejenige, so alle Künste ernähret, sie ist diejenige, so alle verwichenen Dinge auf frischem Fuß erhält; sie ist diejenige, so den gelehrten Leuten einen unsterblichen Namen schmiedet, so den schon längst geführten Wandel auf Erden, sowohl Christi des Herrn, als seiner Heiligen, uns mit lebendigen Farben entwirft.

ABRAHAM A SANTA CLARA

Es ist vom guten Berg der Gutenberg genannt,
Weil der dem Donnergott den stärksten Blitz entwand,
Den er auf seinem Berg, ein mächtig Zeichen, pflanzte,
Worum die ganze Welt vier Säkuln lustig tanzte,
Und Säkuln tanzen wird.

ERNST MORITZ ARNDT

Und die Buchdruckkunst, die soviel Übereinstimmung hat mit der großen Architektur-Kunst, ist wert, ebenso studiert zu werden wie die Architektur, von Männern, die ihr Fach lieben um das Schöne, das sie selbst hineinlegen können. Glücklicherweise bestehen schon erfreuliche Erscheinungen von guter, moderner Buchdruckkunst.

A. VAN BAALEN

Worauf beruht Gutenbergs Geheimnis? Wie gelang ihm dieses Wunderwerk der Präzisionsmechanik? Wir wollen versuchen, das Ganze zu sehen. Der Kern der Erfindung war das Verfahren des Schriftgusses, das es Gutenberg erlaubte, Lettern von der unerläßlichen Maßgenauigkeit herzustellen, und das ihm zugleich die Möglichkeit bot, die sehr großen Mengen von Lettern, die er brauchte, in sehr kurzer Zeit zu gießen, wenn einmal die mühsamen und zeitraubenden Arbeiten des Stempelschnitts und der Matrizenherstellung erledigt waren. Was will das besagen, wenn wir es in die technische Sprache unserer Zeit übersetzen? Es heißt, daß

 Gutenberg zwei einander ergänzende Verfahren der Massenproduktion erfand. Das eine Verfahren, der Schriftguß, auf ausgesprochener Präzisionstechnik beruhend, lieferte ihm in unbegrenzten Mengen die Einzelteile seiner zusammensetzbaren und zerlegbaren Formen, während das zweite Verfahren, der Pressendruck, die Möglichkeit eröffnete, mit diesen Formen und mit Hilfe einer Maschine wirtschaftlich zu produzieren. Gutenberg schuf kein Handwerk; er schuf eine Industrie. Der Buchdruck ist die erste und älteste Industrie, bis zur Gegenwart auch seinem äußeren Umfang nach eine der größten Industrien geblieben. Mit dem Buchdruck wurde das Vorbild aller modernen Produktionsverfahren geschaffen, jener technisch-rationellen Arbeit, die zur Grundlage unseres gesamten wirtschaftlichen Lebens geworden ist. Hier, im Buchdruck, wurde zum ersten Male der Präzisionstechnik die Vorbereitung der Massenherstellung gleichförmiger Produkte übertragen. Hier wurde zum ersten Male in der Geschichte der Menschheit eine produzierende Maschine, die Druckpresse, in Gang gesetzt. Hier wurde zum ersten Male die folgenschwere Erkenntnis ausgenutzt, daß es sich wirtschaftlich lohnt, die kostspieligsten und subtilsten Verfahren zur Herstellung einer Urform aufzuwenden, wenn das Endprodukt mit Hilfe einer schnell arbeitenden Maschine hergestellt werden kann.

KONRAD F. BAUER

Wenn die Erfindung der Schiffahrt für etwas Herrliches und Bewunderungswürdiges gilt, weil sie die Schätze und Waren von einem Ort zum andern und so die entlegensten Länder durch den gegenseitigen Austausch der Lebensgenüsse miteinander in Verkehr bringt, um wieviel mehr müssen wir erst die Erfindung der Schrift feiern, die gleichsam hinsegelnd über den Ozean der Zeit die entferntesten Jahrhunderte durch die Mitteilung ihrer Geisteserzeugnisse miteinander verbindet.

FRANCIS BACON VON VERULAM

Die Einführung des Papiers und die Erfindung des Druckes haben das Denken zu einer Weltmacht erhoben.

HOUSTON STEWART CHAMBERLAIN

Als Gutenberg den Druck erfand,
der Herrgott ihm zur Rechten stand.
Jedoch ohn' allen Zweifel:
zur Linken stand der Teufel.
Und in der Engel lautem Chor,
flüsterte er ihm leis' ins Ohr.
Seither muß jeder selbst ermessen,
von wessen Worten er besessen.

HERMANN CLAUDIUS

Vom Osten goß das Licht sich auf die Erde,
woran der Süd den Strahl der Kunst entflammte;
im Westen rief der neuen Bildung Werde
die alte Kraft auf, die dem Nord entstammte;
in Dir, o Deutschland, hatte sich's durchdrungen,
Du Herz der Welt, was nun die Welt beseelt.–
Dir ist das dauernd Herrlichste gelungen:
Du gabst Bestand dem Zeugnis aller Zungen,
von Dir aus ward der Typen Band geschlungen,
da Geist und Herz vereinigt und vermählt:
Daß sich der Menschheit großes Werk vollende –
reicht euch, ihr Völker, brüderlich die Hände!

ERNST VON FEUCHTERSLEBEN

Gelobet sei der löblich Fund
der edlen Truckerey.
Hätt' Welschland diesen Fund ergründ',
sein Rühmens wär' kein End'.
Nun hat's euch Teutschen Gott gegünnt,
deshalb ihn wohl anwendt.

JOHANNES FISCHART

Der Buchdruck war eine Kunst, durch welche auch der Ärmste klug und gelehrt werden konnte. Der Trieb, lesen zu lernen, wurde mächtig in allen. Dem Volke wurde die Pforte geöffnet für geistigen Erwerb und mit Eifer suchte die Masse ihr Heil in dieser Richtung. Eine Entfaltung der Menschenkraft in Staat und Kirche, in Wissenschaft und Handwerk begann, mannigfacher, mächtiger und reicher als zur Zeit des stillen stummen Grübelns in der Vergangenheit. Jetzt konnte jeder der ganzen Welt verkünden, was sich in seinem Kopf abspielte, was er auf dem Herzen trug; und war es gut und groß, was er sann und dachte, so blieb es auf Jahrhunderte. Jeder Einzelne wurde mit seinen Zeitgenossen, jedes Volk mit allen andern Kulturvölkern zusammengeschlossen zu einer geistigen Gemeinschaft.

GUSTAV FREYTAG

Gott segne Kupfer, Druck und jedes andere vervielfältigende Mittel, so daß das Gute, was einmal da war, nicht wieder zugrunde gehen kann.

JOHANN WOLFGANG VON GOETHE

Die Buchdruckerkunst ist ein Faktum, von welchem ein zweiter Teil der Welt-

 und Kunstgeschichte datiert, welcher von dem ersten ganz verschieden ist; daher wir auch mit Folgerungen aus dem ersten auf den zweiten Teil nicht mehr auskommen.

JOHANN WOLFGANG VON GOETHE

Eine einzige Erfindung ist genug, Deutschland die größte Ehre zu machen, wenn es gleich sonst nichts aufzuweisen hätte: die Buchdruckerkunst, die edle Buchdruckerkunst ist es, was Deutschland so viel Ruhm gebracht, als kein anderes Volk von seinen Erfindungen erlangt hat, oder jemals hoffen kann.

JOHANN CHRISTOPH GOTTSCHED

Du lichte schwarze Kunst,
Ob Gutenbergs, ob Fausts,
War man mit Recht im Zweifel,
Denn halb stammst du von Gott
Und halb hat dich der Teufel.
Doch laßt, wie sehr besorgt,
Vom Feind euch nicht erschrecken,
Gott hat ihm Macht geborgt,
Er dient nur Gottes Zwecken.
Der Acker ist so weit,
Wer will ihn überblicken?
Die Sichel hält die Zeit,
Sie wird ihn schon beschicken.
Und wenn auch Unkraut wächst,
So hütet euch vor jäten,
Ihr könntet im Bemühn
Die ganze Saat zertreten.

FRANZ GRILLPARZER

Gibt die Buchdruckerkunst nicht dem Wort Allgegenwart Gemeinnutz und Ewigkeit?

JOHANN GOTTFRIED VON HERDER

Manche Erfindung wird fast zufällig, fast nebenbei gemacht, die Tragweite anderer wird nicht richtig abgeschätzt; von Gutenberg, der außer dieser einen weithin leuchtenden kaum eine Spur seines Daseins hinterlassen hat, wissen wir bestimmt, daß er sich bewußt war, seinem Volke, ja der Welt etwas überaus Großes, Wichtiges gegeben zu haben. Wenn er die Buchdruckerei die ars divina nannte, hat er wohl an einen ungeheuren Aufschwung des Geistes geglaubt, den sie veranlassen würde.

Was für ein Augenblick: nicht nur die Geistlichen, nicht nur einige Reiche, die in der Lage waren, sich Bücher abschreiben zu lassen, das ganze Volk, reich und arm, würde lesen. Das Wort der Genien der Menschheit würde in die Hütten der Geringen wie in die Paläste der Großen scheinen. Ob es immer ein mildes, klärendes Licht sein würde? Ob seine Funken auch zünden, als Flamme rasen und verzehren würden?

Alle Folgen, die sich an seine Erfindung knüpften, hat Gutenberg wohl nicht übersehen; aber man kann annehmen, daß der Mann, der, ungebeugt durch Treulosigkeit und Hinterlist, aufrecht seinen Weg verfolgte, das, was er erdacht hatte, auch ganz durchdachte, und daß die Ahnung von Gefahren seiner Gabe ihm den Glauben an ihre heilsame Bedeutung nicht raubte. – An der Schwelle des Absolutismus dachte der adlige Bürger von Mainz an die Kräfte, die im Schoße des arbeitenden Volkes schlummern und die ein Gotteswort keimen und siegreich ans Licht wachsen lassen kann.

RICARDA HUCH

Bis Gutenberg war die Baukunst die allgemeine Weltschrift, bis ins fünfzehnte Jahrhundert war sie die umfassende Chronik der Menschheit. Im fünfzehnten Jahrhundert wird alles anders. Der menschliche Geist entdeckt, sich zu verewigen ein Mittel, das nicht nur dauerhafter und widerstandsfähiger ist als die Baukunst, sondern auch einfacher und handlicher. Die Baukunst wird entthront. Auf des Orpheus steinerne Schrift folgt die bleierne Gutenbergs.

Die Erfindung der Buchdruckerkunst ist das größte Ereignis der Geschichte, allen Umsturzes Mutter, Erneuerung menschlicher Ausdrucksmittel von Grund auf. Als Druck ist der Gedanke unvergänglicher denn je, beflügelt, ungreifbar, unzerstörbar, ein Bestandteil der Luft. Wer sähe nicht (um es noch einmal zu sagen), daß er in dieser Gestalt gänzlich unzerstörbar ist? War er vordem dauernd durch seine gebundene Schwere, so ist er nun durch Beweglichkeit unsterblich. Einen Berg kann man auseinanderreißen, – wie aber will man ausrotten, was überall ist?

VICTOR HUGO

Zu unermeßlicher Weite wuchs der Kulturraum unter der Herrschaft der Letter. Sie kam nicht allein als Königin zu den Menschen, sie wurde auch die ergebenste Dienerin des Genies. Wie hätte Walther von der Vogelweide, hervorragend als Dichter wie als Politiker, seinen Kampf um die Einheit des deutschen Reiches und um den Adel deutschen Wesens zur wirkenden Tat werden lassen können, wäre ihm statt Stimme und Harfe schon die Letter dienstbar gewesen! Goethes Schöpfertum wäre ohne die Letter in orphischen Gesängen verhallt und nicht zum Sinnbild deutscher Geistigkeit geworden. Die Letter war es, die sein Werk vertausendfacht der Mitwelt und der Nachwelt verkündete. CHRISTIAN HEINRICH KLEUKENS

Noch kennen wir nicht den Kristallisationspunkt des neuen Werdens, aber es scheint uns heute schon sicher, daß der lesende Mensch mit dem gewaltigen Werkzeug des Drucks – mag dieser sich technisch auch noch mannigfach wandeln – dabei eine große Rolle spielen wird. Der Buchdruck hatte im theokratischen Zeitalter noch keinen Platz, das anschließende Zeitalter hat er durch fast schrankenlose Entfesselung seiner Kräfte entwickeln helfen, dem kommenden Zeitalter wird er – so hoffen wir – ein gebändigtes und dienendes Werkzeug sein und damit dann vielleicht erst zur Reife seiner Wirkungsmöglichkeit gelangen. HORST KLIEMANN

Der Geist verwirrt sich voll Bewunderung vor den zukünftigen Folgen dieser Erfindung und vor dieser nahen Herrschaft der Idee durch das Wort. Gutenberg hat die Welt vergeistigt . . . ALPHONSE DE LAMARTINE

Wie klein sah's aus und wie bescheiden,
Ein Fetzen Holz, ein Klümpchen Blei!
Und riß doch eine Welt entzwei,
Gab einer neuen neue Leiden! HEINRICH LAUBE

Glücklich diejenigen, die ihr Ohr den Worten der Toten leihen: die guten Werke lesen und sie beobachten. LEONARDO DA VINCI

Die Buchdruckerkunst ist doch fürwahr eine Art Messias unter den Erfindungen.
GEORG CHRISTOPH LICHTENBERG

Die Buchdruckerei ist summum et postremum donum, das höchste und letzte Geschenk. MARTIN LUTHER

Die Buchdruckerkunst ist eine löbliche Kunst, gleichsam die letzte Posaune der Welt, durch die die Stimme des Evangeliums zu guterletzt in aller Welt die Menschen ruft. Sie ist das vortrefflichste Juwel deutschen Landes. MARTIN LUTHER

Die hohen Wohltaten der Buchdruckerei sind mit Worten nicht auszusprechen. Durch sie wird die Heilige Schrift in allen Zungen und Sprachen eröffnet und ausgebreitet, durch sie werden alle guten Künste und Wissenschaften erhalten, gemehret und auf unsere Nachkommen fortgepflanzt.

MARTIN LUTHER

Die Buchdruckerei ist fürwahr eine Kunst von Gott, dem Menschlichen mitgeteilt.

PHILIPP MELANCHTHON

Gutenbergs Erfindung

»Ein großer Fund, gewiß! – Und doch,
Wenn man die Sache so bedenkt, sie lag
Verdammt nah', mein ich.« – O sehr wahr! Item:
»Als sich der liebe Gott damals besann,
Wie er die Welt erschaffen möcht',
War nichts natürlicher, deucht mir,
Als grünes Gras und Bäume allerhand
Hervor aus der Erde wachsen zu lassen,
Auch oberhalb das blaue Firmament
Hübsch auszustaffieren mit goldnen Gestirnen,
Damit sie leuchten auf ewige Jahr',
Schafsköpfchen und gescheiten Leuten.«

EDUARD MÖRIKE

Vieles hast du geweckt mit deinen gewaltigen Lettern: Teufeln zum Jubelgekrächz, Engeln zum heiligen Preis. Jeder nimmt's, wie er kann, und wie ihn der innerste Sinn treibt: Gift, wer des Giftes begehrt, Honig, wen Honig erlabt. Schaffet, Genossen, die ihr mit Gutenbergs mächtigen Waffen kämpfet, daß uns auch dereinst grüße der Wappner: »So recht.«

FRIEDRICH DE LA MOTTE-FOUQUÉ

Durch dich, o Gutenberg, Bürger von Mainz, blühen die Wissenschaften und reden die Diwane großer Geister sinnreich zu jedem Alter und Stande. Durch die Kraft deines göttlichen Geistes entzündete sich das Wissen, breitete sich allenthalben aus und durchdringt mit wohltätigem Lichte alles, von der niedrigsten Hütte bis zum Goldpalaste. Nicht allein ist es Europa, das dich mit Lorbeeren des Beifalls kränzet, Asien auch, in welchem die Kunst erst jetzt keimt, gibt die Gewinde seines Lobes und schreibt deinen Namen mit Goldbuchstaben an im Palaste zu Tschapur.

AUS DEM PERSISCHEN DES MIRZA MOHAMED IN SUSA

 Die alte Handschrift war ein Eigenwesen, das nur einmal in begrenzter, vornehmer Sippe da war, ein kostspieliger Reiter, der sich nicht allzuviel aussetzen durfte. Das gedruckte Buch war nur ein Teil einer gleichen grauen Masse, ein Landsknecht, den man nicht zu schonen brauchte, der die Schlacht gewann durch unzerstörbares Nachdrängen. Die Handschrift, in mühseliger Arbeit geschrieben, siegte immer über die Dichtung, das kunstvolle Malen von Wort zu Wort gab selbst der zähesten Persönlichkeit des Schreibers Zeit zum Flüssigwerden und Einströmen. Die Schwarze Kunst befreite nun auch den Dichter in der Dichtung. So war sie, so wurde sie hundertfach gewerklich übertragen, kein Schreiber konnte an sie rühren. Unmassen literarischer Kraft wurden frei und stürmten auf das Volk ein. Da gab es kein Verweilen und kein Versenken mehr, keine Beschränkung und keinen Mangel. Buch und Schrifttum, Bildung und Wissenschaft schöpften aus dem ersten gedruckten Denkmal einen neuen Sinn. Sie wurden Gemeingut wie Luft und Sonne.

JOSEF NADLER

Du hast, o Deutschland, dir
den Erdenkreis verbunden,
indem dein kluger Geist
die Druckerei erfunden:
Ein Werk, desgleichen nie
war bei der alten Welt,
so dem an Nutzbarkeit
die Gegenwaage hält.

MARTIN OPITZ

Gebt Gott den Preis, der durch den edlen Gutenberg
ans Tageslicht geschickt solch edles gutes Werk
und bittet, daß die Kunst einst wieder möge blühen,
daß Mars mit seiner Schar von hinnen müsse ziehen!
Der dies belobte Tun fast gänzlich hat verheert
und unser Vaterland so grimmiglich zerstört.

TIMOTHEUS RITZSCH

Nur einem gelang die entscheidende Tat, dem Mainzer Bürger Johannes Gutenberg. Wie viele mißglückte Versuche waren zu überwinden, ehe das am besten geeignete Material für die Matrizen und für die Metallmischung zum Guß der Lettern gefunden war! Welche Zeit und Arbeit mag es gekostet haben, bis die gegossenen Typen den hohen Anforderungen ihres Herstellers genügten, und bis endlich ein befriedigender Druck zustande kam! Das unablässige Ringen mit dem starren und harten Material, das sich nicht zwingen lassen wollte, es der leicht beweglichen Hand der Schreiber gleichzutun; die selbstlose und fanatische Hingabe an das zu schaffende Werk; das unbeirrbare Festhalten an dem einmal gesteckten Ziele; das mutvolle Ertragen äußerer Widerwärtigkeiten und innerer Qualen, das ist es, was die übermenschliche Größe, aber auch den unsterblichen Ruhm des Erfinders der Buchdruckerkunst ausmacht. Deshalb gebührt ihm höchste Anerkennung, tiefste Verehrung und nie versiegende Dankbarkeit.

ALOYS RUPPEL

Die sinnreiche Kunst des Buchdruckens ward in Mainz erfunden. Sie ist die Kunst der Künste, die Wissenschaft der Wissenschaften, durch deren geschwinde Wirksamkeit ein trefflicher Schatz an Wissen und Weisheit aus dem Dunkel gehoben wurde, die Welt zu bereichern und zu erhalten.

WERNER ROLEVINCK

An einem Buchladen auf der Leidschen Straße in Amsterdam

Hier blüht durch edlen Druck die mutge Wissenschaft,
sie holt aus der Vernunft zu ihrem Ruhme Kraft,
sie stützt des Druckers Kunst, der Druck Gelehrsamkeit;
so weicht die alte Schrift vor neuer Geistigkeit.

AUS EINER SPRUCHSAMMLUNG, AMSTERDAM 1717/18

Es ist ein Vorzug unseres gesamten künstlerischen Schaffens, daß wir für die Mannigfaltigkeit unseres Empfindens und Sehens auch immer wieder neue Formen finden und erfinden. Und ist die Schreib- und Buchdruckerkunst eine Kunst, so sollten wir froh sein, für das geschriebene und gedruckte Wort auch eine Mannigfaltigkeit der äußeren Gestalt zu haben, denn so können wir sie auch ausdrucksvoll und kunstvoll machen; es spricht dann aus ihr Lust und Ernst, Laune und Würde, Phantasie und Philisterhaftigkeit, ja die Willkür, die wir auch nicht entbehren wollen.

WILHELM STEINHAUSEN

Was die Menschheit je in Kunst, Wissenschaft, Handel, Gewerbe Gutes und Taugliches erfahren hat, kann zum Heile aller folgenden Zeiten fast unvertilglich aufbewahrt werden, und was die Menschen Törichtes und Schlechtes taten, kann man auch zur Warnung für die Zukunft in der Schrift hinterlegen. Durch die Schrift und den Bücherdruck hat eigentlich der menschliche Geist erst die Welt erobert.

ADALBERT STIFTER

Jedesmal, würdiger Leser! wenn du dieses Buch wieder lesen wirst, wirst du das

Talent unserer Drucker mehr lieben. Anstatt eines Jahres und mehr, welches ein schneller Schreiber brauchte, genügt ein Monat dieser neuen Kunst, um ein Buch fehlerfrei den Lesern zu überliefern. Unlängst kostete das Papier, welches man brauchte, um ein Buch zu schreiben, mehr, als man jetzt für ein ganzes Buch bezahlt. Glückliches Germanien! Dir schuldet die Welt diese Erfindung; die Welt bewundert deine Kunst und dein Genie.

SCHLUSS-SCHRIFT EINES BUCHES DES 15. JAHRHUNDERTS

Wieviel auch bei der Unmasse der Bücher verdorben, vergessen werden mag, wie vieles später überhaupt unauffindbar bleibt bei der Unmöglichkeit, solche Mengen zu fassen und übersichtlich darzubringen, auch hier stellt sich wohl eine, sei's zufällige und fragwürdige Auslese her, aber doch mit besserer Hoffnung auf Rettung des Wesentlichen als vor fünfhundert Jahren, vor Erfindung des Buchdrucks, und gar im Altertum, dessen gewaltiges Erbgut mangels geeigneter Gedächtnismittel zu so großem Teil vertan und verschleudert ist für immer.

OTTO STOESSL

Typographia donum dei præstantissimum
Typographie ist das schönste Gottesgeschenk.

JEAN TEMPORARIUS

Abstulerat Latio multos Germania libros,
Nunc multos plureis reddidit ingenio,
Et quod vix toto quisquam perscriberet anno
Munere Germano conficit una dies.

Hat aus Italien einst viel Bücher Deutschland entführet,
Mehr noch gab ihm sein Geist als es genommen zurück.
Und was in Jahresfrist kaum ein hurtiger Schreiber bewältigt,
Durch das deutsche Geschenk, bringt es uns heute ein Tag.

LORENZO VALLA

Die ganze Welt gibt ohne Zögern zu, und es bleibt nur eine Meinung darüber, daß Gutenbergs Erfindung das unvergleichlich größte Ereignis ist, das die Weltgeschichte kennt. Sie schuf eine neue, wundervolle Welt, mit ihr aber auch eine neue Hölle; sie schmückt beide alljährlich schon fünf Jahrhunderte lang mit neuen Tatsachen, neuen Entwicklungsmöglichkeiten und neuen Wundern.
Sie fand die Wahrheit sich mühsam fortschleppen und gab ihr Schwingen, sie fand aber auch Falschheit und Lüge an den Boden gekettet, und auch ihnen schenkte sie

ein Flügelpaar. Sie fand die Wissenschaft, wie sie sich verbergen mußte und verfolgt ward; sie hat ihr die Freiheit auf dem Lande, dem Wasser und in der Luft verschafft und zeigte in ihr der Menschheit höchstes Ziel. Sie fand den Erfinder gemieden und verachtet und verhalf ihm zu Größe, dehnte sein Reich über den ganzen Erdball aus. Sie fand den Glauben als strengen Herrn und Unterdrücker, durch sie wurde er der Menschen Freund und Wohltäter.

Was immer die Welt heute ist, böse und gut zugleich, das hat Gutenbergs Erfindung aus ihr gemacht; denn sie ist die Quelle, aus der alles strömt. Und so beugen wir uns huldigend vor ihm; denn auch, was ihr Erfinder zum zürnenden Engel einst sprach, ist in Erfüllung gegangen, das Unglück, das seine großartige Erfindung herbeigeführt, ist überreich ausgeglichen durch das Glück, das das Menschengeschlecht ihr verdankt.

MARK TWAIN

Daß ich alles kurz zusammenfasse, so ist die nutzbare Buchdruckerei-Kunst das letzte Wunderwerk, so der gute Gott der Welt geschenkt hat. Sie ist eine Mutter und Säugamme aller Künste, eine stumme Lehrmeisterin der Unwissenden, eine Königin der Schreiberei-Kunst, eine Heroldin der Ehre und des Ruhms, die beste Ratgeberin und Freundin der Gelehrten und eine mächtige Beschützerin wider die Sterblichkeit, von welche wir billig Gott danken, die Erfinder auch nach dem Tode rühmen und einen Abscheu haben sollten, diese edle Wissenschaft zu liederlichen Händeln, wie leider oft geschiehet, zu mißbrauchen und dero so herrlichen Ruhm ganz unverantwortlich zu beflecken.

CHRISTOPH WEIGEL

Inter Scientias non minima est Typographica.
Unter den Wissenschaften ist die Druckkunst keine der geringsten.

JOHANN JAKOB VON WEINGARTEN

Glücklicher Gensfleisch, durch dich ist Germanien glücklich geworden,
Preisendes Lob bringt man ihm überall dar in der Welt;
Aufrecht erhalten durch göttlichen Geist hast in Mainz, o Johannes,
Zeichen von Erz für den Druck du als der Erste verwandt.
Vieles verdankt dir der Glaube und vieles die Weisheit von Hellas,
Wie dir auch vielfachen Dank schuldet die Sprache von Rom.

JAKOB WIMPHELING

34. GEGNER DES DRUCKES

Ich danke Gott, wir haben hier keine Freischulen und keine Buchdruckereien und ich hoffe, es soll noch lange Zeit so bleiben, denn das Lernen hat nur Ungehorsam und Ketzerei und Sektenwesen in die Welt gebracht, die Buchdruckerkunst aber war die Dienerin aller dieser Greuel. Gott bewahre uns vor beiden!

SIR WILLIAM BERKELEY

Viele Kinder, welche die in der Schule erhaltenen Schläge ihren Büchern beimessen, um derentwillen sie Strafe erlitten hätten, vereinigen diese Begriffe so miteinander, daß ein Buch ihren Abscheu erregt und sie Zeit ihres Lebens nicht mehr zur Benutzung eines solchen gebracht werden können.

JOHN LOCKE

Jacob Burckhardt schreibt in seiner Geschichte der italienischen Renaissance: »Papst Nicolaus V., Poggio, Gianozzo, Manitti, Niccolo Niccoli und andere berühmte Gelehrte waren von Haus aus Kalligraphen und duldeten nur Schönes. Bei einer solchen Gesinnung, welche die Ehrfurcht vor den Büchern durch möglichst edle Ausstattung an den Tag legen wollte, ist es begreiflich, daß die plötzlich auftauchenden gedruckten Bücher anfangs auf Widerstand stießen.« Diesen Widerstand wünschen wir uns freilich nicht mehr zurück, wohl aber das, was ihm zugrunde lag, den Abscheu vor dem unedlen Produkt.

RUDOLF ALEXANDER SCHRÖDER

35. DER DRUCKER

Keine andere Kunst hat ja mehr Berechtigung ihren Blick auf die zukünftigen Jahrhunderte zu richten als die Typographie. Denn, was sie heute schafft, kommt der Nachwelt nicht weniger zu gute als der lebendigen Generation.

GIAMBATTISTA BODONI

Buchdrucker sind Hebammen der gelehrten Produktion. Wir wollen gerne zugeben, daß sie bei mancher Entbindung nicht die nötige Sorgfalt anwenden und zu Zeiten ein wohlgestaltetes Kind verunstalten; aber zugleich müssen wir von Herzen über die Autoren lachen, die dem Buchdrucker die Schuld geben, wenn er ihr Kind mit Eselsohren zur Welt bringt, da dieselben doch schon im Mutterleib waren.

CHREUTZBERG-FISCHER

Der Drucker ist ein treuer Diener der Gesamtheit. Wenn ich auch nicht das ganze Verdienst für ihn in Anspruch nehme, das durch seine Gewandtheit, seine Klugheit, seinen Fleiß und Ausdauer hervorgebracht wird, so frage ich doch: was würde der heutige Stand der Welt ohne ihn sein? Tyrannei und Schwindel würden dann in allen Ländern sich durchgesetzt haben . . . Was Raschheit der Auffassung, Ausdauer und Bereitwilligkeit anbetrifft, habe ich stets beobachtet, daß der Setzer nicht seinesgleichen hat. Der Drucker ist der Freund des Gedankens, der Weisheit und der Wissenschaft, er ist der Freund der Freiheit, der Gerechtigkeit, des Gesetzes: wahrlich der Drucker ist der Freund jedes Menschen, der ein Freund der Ordnung ist, der Freund eines jeden, der lesen kann.

CHARLES DICKENS

Wie unbedacht fallen die Drucker auf die Bücher oder Exemplar, ungeachtet, ob ein Ding bös oder gut sei – sie nehmen an, was vor die Hand kommt und scheinet zuträglich dem Säckel. Auch gebrauchen die Drucker bös Papier, böse Lettern, haben kein Acht, obs wohl korrigiert sei oder nit, kurz allein, wer es kauft, es wär gut oder bös, so sind sie zufrieden.

JOHANN EBERLIN AUS GÜNZBURG

Buchdrucker betrügen: 1) Wenn sie heimlicher Weise *confiscirt*e oder auch andere ärgerliche Bücher, *Scartesqu*en, *pasquillanti*sche und gottlose Schriften, annehmen, und durch den Druck bekant machen. 2) Wenn sie ihre Arbeit nicht mit genugsamen Fleiß machen, sondern übereilen, und die Worte, auch wol den gantzen Verstand verfälschen. 3) Wenn sie keinen der Sache verständigen *Correctorem* halten, sonderen die *Correctur* unter dem Vorwand, sie verstündens zur Genüge, selbst verrichten, oder da der Verleger eines Buches auf einen besonderen *Correctorem* dringet, solche Arbeit ungeschickten Leuten überlassen. 4) Wenn sie anzügliche oder rebellische Schriften wider die Obrigkeit, oder andere *Privat*-Personen, wie in so genanten *Romain*en zu geschehen pfleget, heimlich verfertigen, und darunter nicht ihre, sondern fremde Namen und Oerter, wo sie gedruckt seyn sollen, setzen. 5) Wenn sie von Büchern einige *Exemplaria* vor sich heimlich nachdrucken, und solche wider Wissen und Willen des Verlegers, diesem zu Schaden, an solche Leute, wo sie gedencken, daß es nicht an Tag komme, verstechen oder verkauffen. 6) Wenn sie keinen tüchtigen Firniß zur Farbe nehmen, daß die Littern dadurch bleich, und sonderlich in kleinen Schriften, unleserlich werden, dieses aber hernach dem Leser ein Hinderniß und Schwäche des Gesichts verursachet. 7) Wenn sie einen und den andern Bogen aus dem ihnen zu drucken anvertrauten *MSto* oder Buch verlieren, oder sonst zu schanden werden lassen, und hernach solche mit empfangen zu haben läugnen. 8) Wenn sie bei Annehmung in einem oder wenigen Bogen bestehender *Scriptorum*, *Carminum*, *Disputationum* und dergleichen, die auf solche Arbeit keinen Verstand habende gemeine Leute, oder auch die studirende Jugend zur Ungebühr übersetzen, und von einem Bogen so viel nehmen, als davon ihnen kaum die Helfte gehörte. 9) Wenn sie es mit betrügerischen Buch-Händlern halten, und um dieser und auch ihres eigenen Nutzens willen, Bücher, welche andere mit grossen Kosten verleget, ingeheim und wohl unter verdeckten Nahmen und Orte wissentlich nachdrucken. 10) Wenn sie zum Druck sauberes und in einer gewissen Grösse vorgezeigtes Papier zu nehmen versprochen, hernach aber davor auf schwartzes, grobes und unsauberes Papier, auch wol solches, welches die behörige und bedungene Grösse nicht hat, entweder das gantze Werck, oder theils Bogen davon drucken, und solches damit, sie hätten dergleichen Papier nicht genug bekommen können, oder wären selbst damit betrogen worden, entschuldigen. 11) Wenn sie statt derer bedungenen neuen Littern oder Schriften, alte, stumpffe, abgenutzte, auch wol grössere, entweder durchaus, oder an theils Orten, als der Verleger oder *Auctor* haben wollen, nehmen, und damit, es ihnen hingehen möge, die Schuld wohl auf ihrer Leute versehen, weltzen. 12) Wenn sie kleinere Colummen, als mit ihnen *accordi*ret worden, nehmen, auch weniger Zeilen, als sich auf eine *Pagina* sonsten gehöret, drucken. 13) Wenn sie ein Werck binnen einer gewissen Zeit abzudrucken übernehmen, damit aber die Verleger über solche Zeit, oftmahls darum, weil sie andere Arbeit darzwischen gefertiget, aufhalten und vorschützen, es wären ihre Gesellen aus der Arbeit getreten, oder die Verschriebene aussen bleiben, oder der Papiermacher hätte sie mit dem Druck-Papier aufgehalten. 14) Wenn sie bey Einballirung der gedruckten Bücher, und da sie solche an den auswärtigen Verleger überschicken sollen, viele *Defect*e machen, und gleichwol sich die ver*accordi*rte *Exemplaria* sämtlichen bezahlen lassen. 15) Wenn sie mit den Buchhändlern *accordi*ret haben, daß, sobald ein Bogen aus der Presse komt, diese auch so gleich davor die Zahlung thun, sie aber, damit sie desto öfterer Bogen bezahlet bekommen mögen, immer einerley Druck-Bogen behalten, und nur die *Signatu*ren unten verrücken, daß der Verleger, falls er auf die Materie des vorher vorgezeigten Bogens nicht wohl Achtung gegeben, solche nur in *Signatu*ren veränderte Bogen, vor frische und andere Bogen in der Materie hält.

Mittel: Wider das heimliche Drucken ist das sicherste ein Obrigkeitliches scharfes Verbot, nichts ohne *Censur* und Vorwissen der hierzu verordneten Obrigkeitlichen Personen zu drucken, wegen alles übrigen aber kan sich der *Auctor* oder Verleger am füglichsten durch einen mit dem Buchdrucker aufgerichteten schriftlichen *Contract* in Sicherheit stellen.

AUS HÖNN'S BETRUGSLEXIKON (1743)

Es wäre eine sehr äußerliche Auffassung, glaubte man, mit der Gewinnung eines Künstlers, selbst eines solchen, der auf anderem Arbeitsfeld Beachtliches leistete, sei es getan. Nur die Arbeit der für die gestellte Aufgabe geeigneten Begabung wird zum Erfolg führen. Und der ist selbst da nicht immer zu erwarten, wo gute Leistungen an geschriebenen oder gezeichneten Texten vorliegen, denn zwischen solchen Schriften und der gegossenen Drucktype ist ein großer, grundsätzlicher Unterschied. Der besondere Reiz geschriebener wie gezeichneter Schriftsätze beruht auf der Mannigfaltigkeit der Buchstabenformen, der Anpassung der einzelnen Figuren an die Nachbarbuchstaben, auf der Möglichkeit verschiedener Gestalten derselben Figur in Form, Größe, Breite, das Übergreifen von einer Type in die andere, das keine Kegelmaße, keine Übergänge zu berücksichtigen hat, nur den verfügbaren Gesamtraum, und schließlich auf Zufälligkeiten, die sich beim Schriftschreiben oder Zeichnen ergeben.

KARL KLINGSPOR

Wohl ist es notwendig, daß der Buchdrucker unserer Zeit die Mittel seines Handwerks kennt, wohl, daß er weiß, dem Tag und dem Nächsten zu dienen; sein höchstes Ziel aber sei dieses: Jeden Gegenstand, der aus seinen Händen kommt, zu einem Sinnbild des Unendlichen zu machen dadurch, daß er ihn schön macht.

RUDOLF KOCH

Das, was Gutenberg und seinen unmittelbaren Jüngern Bedürfnis war, muß auch uns wieder ein Bedürfnis werden, und der Geist, der aus ihren unvergleichlichen Werken zu uns spricht, soll uns die guten alten Wege wieder gehen und neue finden lehren . . . Wir sind Kunsthandwerker, und als solche sollten wir an unsere Arbeit herangehen.

CARL ERNST POESCHEL

Mein lieber Setzer! Wir verhalten uns zueinander wie Leib und Seele, müssen daher, wie diese, einander unterstützen, auf daß ein Werk zustande komme, daran der Herr Wohlgefallen habe.

ARTHUR SCHOPENHAUER

Die Arbeit der Techniker akzentuiert vor allem die konstruktiven Teile des Buches, das Handwerkliche am Werke, erhöht die Qualität der allgemeinen Produktion, veredelt das einfache Erzeugnis der Druckerei, welches aus dem Bedürfnis des Tages entsteht.

V. V. ŠTECH

Die Buchdruckerei ist eine so edle und nützliche Kunst, daß man bei denen, welche sie ausüben, einen gewissen Grad von Kultur voraussetzen sollte.

JOHANN FRIEDRICH UNGER

Auf Hero Galamas Grab zu Harlingen vor dem Stadt-Tore

Der Drucker Galama liegt zu letzter Ruh' hienieden;
er liebte Freiheit, Kunst, Gerechtigkeit und Frieden.

AUS EINER SPRUCHSAMMLUNG, AMSTERDAM 1717/18

Wenn des Druckers Kunst hier Ihr ehren wollt,
dieses Ladens Regeln Ihr folgen sollt;
sprecht Ihr hier viel, so schaffen wir minder,
Hin- und Herlaufen tut uns nur hindern;
Stark bleibt immer der Balken unserer Presse,
aber unser Werk kann schlechter sein oder besser.
Verplatzen von Schriftgut oder Lettern
oder Druckgeräten ärgert die Setzer.
Uns're schwere Arbeit trocknet die Brust,
deshalb hat uns're Kehle allezeit Durst.
Wollt Ihr diese Druck-Lehren gut beachten,
so könnt Ihr mit Nutzen unser Werk betrachten.

AUS EINER SPRUCHSAMMLUNG, AMSTERDAM 1717/18

36. DIE SCHRIFT

Schreiber ist ein ehrwürdiger Name, die Weisen und Seher der alten Welt konnten mit keinem herrlicheren genannt werden.

ERNST MORITZ ARNDT

Eines der sprechendsten Ausdrucksmittel jeder Stilepoche ist die Schrift. Sie gibt, nächst der Architektur, wohl das am meisten charakteristische Bild einer Zeit und das strengste Zeugnis für die geistige Entwicklungsstufe eines Volkes. Wie sich in der Architektur ein voller Schein des ganzen Wogens einer Zeit und äußeren Lebens eines Volkes widerspiegelt, so deutet die Schrift Zeichen inneren Wollens, sie verrät von Stolz und Demut, von Zuversicht und Zweifel des Geschlechtes.

PETER BEHRENS

... diese sinnreiche Kunst, das Wort zu malen, mit den Augen zu sprechen und durch die unterschiedlichen Striche umrissener Figuren Farbe und Herz den Gedanken zu geben.

GUILLAUME DE BRÉBEUF

Das Beste und Schönste begreift auch das Vollkommenste in sich, und hierzu gehört für die Gießerey, daß alle Schriften, von der größten bis zur kleinsten, nach einerley Grundregeln der Schreibekunst geschnitten sind. Alle Schönheit des Druckes beruhet hierauf, und es ist ein angenehmer, gefallender Anblick, wodurch das Auge eben so sehr, als durch ein schönes Gemälde ergötzt wird, wenn man dieß in einem Buche erblickt, wo Schriften verschiedener Größe auf einer Seite vorkommen.–

JOHANN GOTTLOB IMMANUEL BREITKOPF

Wer wäre imstande, der Schreibkunst eine würdige Rede zu halten? Denn nur durch die Schrift erhalten sich die Toten in dem Andenken der Lebenden und verkehren die Entfernten miteinander als stünden sie sich zur Seite. Nur das zuverlässige Zeugnis des schriftlichen Wortes verbürgt den Bestand der im Krieg zwischen Königen und Völkern geschlossenen Verträge. Nur die Schrift allein bewahrt die köstlichen Gedanken der weisen Männer und die Aussprüche der Götter, ja, selbst alle Philosophie und Wissenschaft, und übergibt sie immer von Jahrhundert zu Jahrhundert den kommenden Geschlechtern. Darum müssen wir wohl die Natur als die Quelle unseres physischen Lebens anerkennen, aber als die Quelle unseres edlen, unseres geistigen Lebens, die Schrift.

DIODORUS SICULUS

Niemand soll Runen schneiden, wo er sie nicht wohl auslegen kann.

EGILS-SAGA

Das Größeste ist das Alphabet, denn alle Weisheit stecket darin. Aber nur der erkennet den Sinn, der's recht zusammenzusetzen versteht.

EMANUEL GEIBEL

Wort und Schrift

O Wunder sonder Gleichen, wie im Laut
Sich der Gedanke selbst das Haus gebaut!

O zweites Wunder, wie dem Blick die Schrift
Den Schall versinnlicht, der das Ohr nur trifft!

Nicht Willkür schuf das Wort, sonst wär' es hohl;
Es ist des Geist's notwendiges Symbol.

Und forschst du weiter, ist der Buchstab nur
Des flüss'gen Lautes feste Klangfigur.

EMANUEL GEIBEL

Um des Diwans willen setzte ich meine Studien orientalischer Eigenheiten immer fort und verwendete viel Zeit darauf; da aber die Handschrift im Orient von so großer Bedeutung ist, so wird man es kaum selten finden, daß ich mich, ohne sonderliches Sprachstudium, doch dem Schönschreiben mit Eifer widmete und zu Scherz und Ernst orientalisch mir vorliegende Manuskripte so nett als möglich, ja mit mancherlei bekömmlichen Zieraten, nachzubilden suchte. Dem aufmerksamen Leser wird die Einwirkung dieser geistig-technischen Bemühungen bei näherer Betrachtung der Gedichte nicht entgehen.

JOHANN WOLFGANG VON GOETHE

Ich war gewohnt, ein Gemälde und einen Kupferstich nur anzusehen, wie die Buchstaben eines Buches. Ein schöner Druck gefällt wohl; aber wer wird ein Buch des Druckes wegen in die Hand nehmen?

JOHANN WOLFGANG VON GOETHE

Die deutsche Schrift ist in ihrem Schmuck den gotischen Bauten vergleichbar, die den Blick zur Höhe ziehen und uns mit Staunen und Bewunderung erfüllen. Gotischer Stil der Baukunst und die Gestalt unserer Buchstaben sind als Offenbarung deutschen Gemüts zu erachten.

JOHANN WOLFGANG VON GOETHE

... würde ich die lateinische Schrift wählen, da sie heiterer aussieht ... ich glaube denn doch zu bemerken, daß der gebildete Teil des Publikums sich durchaus zu lateinischen Lettern hinneigt.

JOHANN WOLFGANG VON GOETHE

Herr Unger verdient Lob und Preis wegen des herrlichen Papiers und der unübertreffbaren Lettern – froh bin ich über allen Ausdruck, daß Deine Schriften, alte und neue, nicht mit den mir so fatalen lateinischen Lettern das Licht der Welt erblickt haben – beim Römischen Carneval, da mags noch hingehen – aber sonst im übrigen bitte ich Dich, bleibe deutsch auch in den Buchstaben.

FRAU RAT GOETHE AN IHREN SOHN

Die Tradition der Schrift ist als die dauerhafteste, stillste, wirksamste Gottesanstalt anzusehen, wodurch Nationen auf Nationen, Jahrhunderte auf Jahrhunderte wirken und sich das ganze Menschengeschlecht vielleicht mit der Zeit an einer Kette brüderlicher Tradition zusammenfindet.

JOHANN GOTTFRIED VON HERDER

Die Stilgesetze und der nationale Charakter der Völker wirken bei der Ausbildung der Schriftform in gleicher Weise mitbestimmend wie bei allen anderen Künsten.

CHRISTIAN HEINRICH KLEUKENS

Pinsel, Hammer, Meißel, Stift,
Über alles siegt die Schrift.
Idol, vor dem die übrigen verblassen –
Die Welt in Worte fassen!

ARNO HOLZ

Die deutsche Schrift ist uns eine Lebensnotwendigkeit wie Luft, Wasser und Brot. Aber auf die lateinische wollen wir so wenig verzichten wie auf Salz, Wein und Musik. Und das sei auch das Maßverhältnis.

OTTO HUPP

Gesegnet sei, wer die Schrift erfand.

JEAN PAUL

Die Jahrhunderte werden über dir vergehen, Schönheit der Schrift, und du wirst immer noch leben!

ALPHONSE DE LAMARTINE

Wir können Buchstaben, ohne sie selbst zu verzieren, zueinander in gute Verhältnisse bringen und ebenso Zeilen oder ganze Zeilengruppen; wir können mit Buchstaben Metrik, ja sogar Rhythmus erzielen. Denn schon die Aufgabe, Buchstaben, Worte, Zeilen und Schriftfelder anzuordnen, erheischt gestaltendes Schaffen und führt so in schlichter Weise zur Kunst des rhythmischen und ordnenden Bildens.
Üben Formbegabte diese schlichte Kunst aus – freilich ein seltener Fall –, so kann mit einer solchen Schriftgestaltung, obwohl Einfaches, doch in seiner Art Vollkommenes entstehen.

RUDOLF VON LARISCH

Man wirft unseren Buchstaben vor, daß sie so viele Ecken haben; welch ein Vorwurf! Gleich als ob die Ecken nicht so ehrlich wären als die Rundungen.

GOTTHOLD EPHRAIM LESSING

Unter den typographischen Regeln finden sich keine, die zu Lösungen aus dieser letzten wichtigsten Aufgabe brauchbar sind. Jeder einzelne muß sich darüber klar sein, was er am besten kann. Meine Erfahrung geht davon aus, daß Kenntnis des Buchdrucks und der Geschichte der Schrift eine gute Hilfe ist, gerade so notwendig, als der Kontakt mit der Einstellung der Zeiten zu Formgebungen, und das lehrreiche Zusammenarbeiten mit interessierten Lesern.

C. VOLMER NORDLUNDE

 Die Schrift ist nur ein Bild des gesprochenen Wortes. Und wie auch das beste Bild eines Menschen uns diesen selbst nicht ersetzen kann, ebensowenig kann die Schrift das gesprochene Wort ersetzen. Ihr fehlt der Ton der Stimme, ihr fehlt die Geste. Selbst wenn das Geschriebene noch so lebendig anmutet, man die hinter ihm stehende Persönlichkeit greifen zu können meint, die meisten Fäden, die unsichtbar von der redenden Person zu den Hörern führen, sind zerschnitten. Die Schrift ist tot, wenn nicht der Leser ihr Leben gibt! Wie eine gepreßte Blume trotz vielleicht gut erhaltener Farbe tot ist und erst Leben gewinnt, wenn der Beschauer sie sich auf blühender Wiese, vom Winde bewegt, von der Sonne beschienen, umgeben von Gras und anderen Blüten, denkt, so hängt bei der Schrift alles davon ab, ob ein wirklicher Leser da ist.

FRIEDRICH OLDENBOURG

Buchstaben sind geistige Münzen — Chiffren.

NOVALIS

Kein tieferes Verständnis für die frühe Form der Buchschriften ist möglich ohne Kenntnis der Perioden in der Schriftengeschichte, die Einfluß auf diese gehabt haben. Auch hier gilt, daß die Form der Buchstaben und ihr Charakter das intellektuelle Mühen und den künstlerischen Ausdruck in den verschiedenen Zeitabschnitten abspiegeln, und dazu kommt, daß der einfache Kalligraph, wie genau er sich auch an die überkommenen Formen gehalten hat, und wie streng er sich selbst eine Disziplin auferlegt hat, unvermeidlich die Schrift mit ihrem eigenen künstlerischen Temperament geprägt hat.

EJNAR PHILIP

Wann jener Weise das Lob der edlen Schreib-Kunst erheben und ihren großen Nuzen kürzlich anzeigen wollte, so sprach er: Die Schreib-Kunst ist die Mutter und Beschützerin aller Künste und Wissenschaften, ja die Regentin der ganzen Welt: durch sie wird uns der Rath und Wille Gottes kund gemacht, und ist die Zunge der Väter, damit sie nach ihrem Todte zu den Nachkömmlingen reden: sie ist das Mittel, wodurch sich die Menschen von allen Enden und Orten hören und verstehen: sie sammlet und saget uns und der Nachwelt die Geschichte der Erden, stiftet Freundschaft und Friede, unterhält eine Gemeinschaft der Völker, und bringet endlich Reichthum und Ehre.

JOHANN MICHAEL SCHIRMER

Körper und Stimme leiht die Schrift dem stummen Gedanken,
durch der Jahrhunderte Strom trägt ihn das redende Blatt.

FRIEDRICH VON SCHILLER

Die Buchstabenkunst ist eine gestaltende Kunst; sie ist die wohlbedachteste Form des Schreibens.
Die Schreibkunst ist die neuschaffende und inspirierende Kraft, durch welche man vorwärts kommt bis zu einer Erneuerung von Buchschriften.

EJNAR PHILIP

Es gibt ein Wesen, dessen zarte Brut
Im faltigen Kleide seiner Mutter ruht:
Und sind die Kleinen auch der Stimme bar,
Dringt ihre Sprache dennoch wunderbar
Zu allen Menschen, die sie hören sollen,
Von Land zu Land und durch der Wogen Grollen;
Selbst der Entfernteste vernimmt sie noch,
Er hört sie nicht, und er versteht sie doch.
(Die Buchstaben)

RÄTSEL DER SAPPHO

Was man schreibt, das verbleibt.

Schreiber und Studenten sind Weltregenten.

Der Feder Kunst bringt Geld und Gunst.

Es ist nicht jeder ein Schreiber, der an der Feder kaut.

In schönen Büchern blättert man gern.

SPRICHWÖRTER

Die Verewigung und Überlieferung des Wortes durch die Schrift, das geschriebene Wort ist der archimedische Punkt, von wo der Geist die Erde aus ihren Angeln hebt und wieder in ihre Angeln zurück bringt.

OTTO STOESSL

Der Geist des Schriftstellers sieht sich im Spiegel, den ihm die Presse liefert. Wenn das Papier und die Tinte übereinstimmen, wenn der Buchstabe ein schönes Bild ist, die Zusammensetzung sorgfältig ausgearbeitet ist, das Ausschließen besonders proportioniert, das Blatt gut abgezogen, empfindet der Verfasser von neuem seine Sprache und seinen Stil. Er fühlt die Qual und den Stolz. Er sieht sich mit Ehren bekleidet, die ihm vielleicht nicht gebühren. Er glaubt eine viel klarere und kräftigere

 Stimme als die Seinige zu vernehmen, eine Stimme, die unversöhnlich rein die Worte ineinanderfügt, sie aber auch zum Nachteil trennt. Alles, was er an Schwachem, Willkürlichem, Unelegantem schreibt, spricht zu deutlich und zu laut. Dieses ist ein sehr teures und gefürchtetes Urteil, das einen großen Eindruck hervorruft.

PAUL VALÉRY

Mögen rückschauende Feinschmecker und gefühlvolle Sammler den Hingang der Schriftmalereien und Bildkünste des Buchstabens beweinen; ernstliche Gründe zur Trauer liegen schon deshalb nicht vor, weil durch den Sieg des Buchstabens die freihändige Zierschrift keineswegs getötet, sondern nur von der Fron des Alltags entpflichtet und zu einem festtäglichen Dasein erst recht befreit worden ist.

KARL VOSSLER

Die Symmetrie, die vordem so unverrückbar feststand, sah sich plötzlich vom Einfluß der Asymmetrie verdrängt, deren Vorkämpfer schonungslos zu einer wenn auch nur augenblicklichen Führerstellung vordrangen. Wie alles Neue wurde auch diese Formgebung beinahe kritiklos auf den Thron gehoben, und selbst die Buchtitel mußten sich den strengen Anforderungen beugen. Nachträglich wurde man aber doch skeptischer und heute können wir feststellen, daß man mehr und mehr zu einer axialen Typographie zurückgekehrt ist, aber doch mit der nicht unwesentlichen Änderung, daß ein großer Teil der vernünftigen Paragraphen der neuen Stilrichtung der alten Tradition einverleibt worden sind, womit man Resultate geschaffen hat, die freizügiger und spannungsreicher sind. Deshalb besteht Ursache, der neuen Stilrichtung und ihren Pionieren für die Impulse dankbar zu sein, die uns in unserem Bestreben zugeführt worden sind, einen Einsatz zu leisten, zu dem wir uns bekennen.

AAGE WANTZIN

37. DIE GESTALT DES BUCHHÄNDLERS

Ein Deutscher war der Schönsten Kunst Erfinder,
Die für die Weisheit je der Geist ersann,
Und seine geldbegier'gen Kinderkinder
Vernichteten, was er für sie getan.

ALOYS BLUMAUER

Der Buchhändler soll die Kräfte des Gelehrten dahin leiten, wo sie am nützlichsten sind, wo sie sich am wirksamsten zeigen können. Er ist gleichsam der Direktor der Literatur. Wie kann der Gelehrte, der Forscher, dessen Augen stets nur auf einen

Gegenstand gerichtet sind, wie kann der die geistigen Bedürfnisse ganzer Länder einsehen? Muß er nicht einen Mann haben, der beständig mit der Menschheit in unmittelbarer Verbindung steht, mit eigenen Augen ihre Mängel einsehen und schickliche Mittel ihnen abzuhelfen angeben kann? Und wer ist wohl fähiger, wer hat bessere Gelegenheit dazu, als der Buchhändler?

WILHELM FLEISCHER

Und dann, meine Herren, man kann bei diesen künstlerischen Grundsätzen sogar geschäftlich verdienen!

EUGEN DIEDERICHS

Besondere Stände haben sich gebildet, um uns zu vermitteln, was nur durch die unmittelbarste Einmischung in uns lebendig werden kann.

MARIE VON EBNER-ESCHENBACH

Im Dienst liegt unsere Ehre, im Dienste der höchsten Interessen der Menschheit. Bleibt der deutsche Buchhandel, was Gott gebe, diesem Dienst treu, so wird er sich die Achtung und das Vertrauen der Nation sichern; bleibt er in diesem Dienste treu, so wird er bestehen und gedeihen, solange Deutschland besteht und gedeiht.

FRIEDRICH JOHANN FROMMANN

Sind aber Bücher die Geistesprodukte der vorzüglichsten Männer ihres Zeitalters, welche fähig sind, die Menschen zu unterrichten und zu bessern, oder das Leben zu verschönern: so ist der Buchhändler ein Kaufmann, der mit den edelsten Waren handelt; und wenn er seinen Beruf mit Würde treibt, so gebührt ihm unter Handelsleuten der erste Rang.

GEORG JOACHIM GÖSCHEN

Buchhändler sind Pioniere der deutschen Kultur.

ROBERT HOHLBAUM

Ein erfahrener Kenner der Buchmacherey wird, als Verleger, nicht erst darauf warten, daß ihm von schreibseligen, allezeit fertigen Schriftstellern ihre eigene Ware zum Verkauf angeboten wird; er sinnt sich, als Direktor einer Fabrik, die Materie sowohl als auch die Façon aus, welche mutmaßlich die größte Nachfrage, oder allenfalls auch nur die schnellste Abnahme haben wird.

IMMANUEL KANT

Verleger sind die Quartiermacher der Ritter vom Geist.

ADOLF VON KRÖNER

 Buchhändler betrügen: 1) Wenn sie eines andern Buch-Händlers Verlags-Bücher heimlich nachdrucken lassen, und, damit ihre nachgedruckte *Exemplaria* desto eher abgehen möge, solche, in Ansehung, daß sie den *Auctorem* eines Buches nicht bezahlen dürffen in geringern Preiß, als etwa der rechtmäßige Verleger thun kan, verkauffen, solchergestalt aber, daß des andern Verlag liegen bleibe, verursachen. 2) Wenn sie mit wissen *defecte* Bücher vor vollständige den Käuffern anhängen, und da hernach diese den *Defect* inne werden, solchen unter der kahlen Entschuldigung, es sey der *Defect* vom Buchbinder oder von ihnen, den Käuffern selbst, gemacht worden, nicht ersetzen wollen. 3) Wenn sie den in *Collegiis Academicis* geführten *Discours* berühmter Leute, welcher doch oft ohne behörige *Connexion* nachgeschrieben wird, ohne derselben Vorbewußt zum Druck befördern, und damit man sie deshalber nicht in Verdacht habe, fremde und oft erdichtete Verleger dazu angeben. 4) Wenn sie alten verlegenen und untüchtigen Büchern, so nicht abgehen wollen, einen neuen Titul geben, und, damit man solche vor Neue ansehen möge, dieselbe an den Seiten beraspeln, daß das schwartz-angelauffene Papier davon abgehe und hergegen das Weisse wieder hervor scheine. 5) Wenn sie die Jahrzahl auf den neuzu*edi*renden Büchern ein oder zwey Jahr voraus setzen, oder wenigstens etliche 100. *Exemplaria* mit einer neuen Jahrzahl, als man etwa zur Zeit, da ein Buch gedruckt wird, schreibet, versehen lassen, damit solche immer vor neue Bücher *passi*ren mogen. 6) Wenn sie auf den Büchern zum Druck-Ort Amsterdam, oder sonst eine Holländische Stadt fälschlich angeben, damit die Materie dem Holländischen Druck gleich möge bezahlet werden. 7) Wenn sie zum Titul und auswendigen Lage-Bogen sauber und weisses, zu dem übrigen aber grobes und schwartzes Papier nehmen, mithin die Bücher nur den übertünchten Gräbern gleich machen. 8) Wenn sie, da die Buchdrucker die *Correcturen* nicht mit übernommen, keine tüchtige und fleißige *Correctores* bestellen, und dadurch oft sowohl dem *Auctori*, als auch dem Buch selbst einen nicht geringen Schandfleck anhängen. 9) Wenn sie ihren schlechten Büchern von vornehmen Leuten *Præfationes* vorsetzen, und solche darinnen aufs beste *recommendi*ren lassen, damit die Käuffer dadurch desto mehr angelocket werden. 10) Wenn sie denen schon gedruckten Büchern, so nicht wol abgehen, *Accessiones* geben, solche aber nicht *à parte* drucken, sondern jenen *immediate* anhängen lassen, damit diese jene mit verkauffen helfen. 11) Wenn sie bey wiederholter Auflage die Bücher vor vermehrter und *correcter* ausgeben, in der That aber am Buch weiter nichts, als daß *editio secunda correctior, emendatior locupletior, u. s. f.* auf dem Titul steht, vermehrt, auch, was die*Accuratesse* betrift, oftmals noch schlimmer als die erstere gerathen ist. 12) Wenn sie den Titul eines Buchs von schon *edirten* und wohl abgehenden Schriften abborgen, und den Ihrigen auch vorsetzen, damit sie mit jenen in gleicher Maaß wohl abgehen mögen. 13) Wenn

sie ihre Verlags-Bücher durch die Herren *Journalis*ten in ihren Monats-Schriften
mit vielen Lobsprüchen, ohne Meriten, oder aber mit widrigen, ihnen aber doch vortheilhaften *Judiciis*, ohne Verschulden, *recensir*en lassen, damit sich die Liebhaber dazu desto eher und begieriger finden mögen. 14) Wenn sie durch andere veranstalten oder geschehen lassen, daß ihre Verlags-Bücher öffentlich *refutir*t, oder wohl gar *confiscir*et, und durch den Scharfrichter verbrant werden, damit solche hernach desto fleißiger gesuchet und desto theurer aufgekauffet werden. 15) Wenn sie *Manuscripta* unter dem Namen vornehmer und gelehrter Leute, so längst verstorben, drucken lassen, und darbey den wahren *Auctorem* ohne Noth verbergen, nur damit jene im Druck wegen des etwa berühmten *Auctoris* mit desto grössern *Applausu* angenommen werden. 16) Wenn sie im Alphabet etliche *Signatur*en mit Fleiß überhüpfen, und aussen die *Paginas* aber und Materie richtig fortgehen lassen, damit sie bey Verstechung ihrer Bücher mit andern Buch-Händlern, die auf Messen die Bücher genau zu *collationir*en nicht wohl Zeit haben, desto mehrere Alphabete oder Bogen geliefert zu haben, scheinen mögen.

Mittel: 1) Daß diejenigen, welche den Buch-Handel erlernen wollen, sich in Schulen länger aufhalten, und nebst dem Grund des Christenthums auch in der *Litteratur* einige *Profectus* machen, damit sie künftig von der Güte eines Buchs, so ihnen zum Verlag *offerir*et wird, selbst einiger massen urtheilen mögen, und nicht erst nach erlittenen Sachen klug gemacht werden. 2) Daß sie bey Antrag eines Buches zum Verlag verständige gelehrte Männer darüber zu Rathe ziehen, und nicht alles, was ihnen vorkomt, annehmen, als wodurch hernach oft geschicht, daß sie durch angenommen Verlag eines Buchs manches *Capital* dergestalt verlegen, daß sie es Zeit Lebens nicht wiederfinden können. 3) Daß hohe Obrigkeit eine besondere Buchhändler-Ordnung drucken, und darinnen obigen Betrügereyen mit androhender harter Bestrafung und *Confiscir*ung alles unbilligen Nachdrucks möglichst vorbeugen lasse, aber auch selbst nicht zweyen oder mehrern ein *Privilegium* über einerley Buch ertheile.

AUS HÖNN'S BETRUGSLEXIKON (1743)

Als ein Buchhändler eines Materialisten Tochter heiratete

Beglückter Schwiegersohn, dir kann kein Buch vermodern;
Wenn es kein Leser kauft, wird es dein Vater fodern.

ABRAHAM GOTTFRIED KÄSTNER

Der Verleger lebt in der dialektischen Spannung seiner Zugehörigkeit zu verschiedenen Ständen des Volkskörpers (Nährstand, Lehrstand, Priesterstand) und ist damit Ausdruck der Spannungen des Volkskörpers selbst. Innerhalb der geschichtlichen Entwicklung aber ist der Verleger und mit ihm das gesamte Buchwesen der intellektuelle Ausdruck des kulturhistorischen Stils einer Epoche.

HORST KLIEMANN

 Und auch hierfür hatte ich ihm *(dem Vater)* zu danken, daß er – und sogar in den Zeiten des ungenügenden Ladenpreisschutzes – niemals Rabatt gegeben hat. Behörden und Anstalten nicht, Privaten erst recht nicht. Hartnäckig hat er seine Überzeugung, daß der Durchschnittsnutzen des Sortimenters nicht groß genug sei, um sich ungestraft schmälern zu lassen, so glaubhaft zu machen gewußt, daß z. B. die Direktoren der Volksschullehrerseminare ihrerseits den Beanstandungen der Oberrechnungskammer gewachsen waren. Und als eine der städtischen Lehranstalten einen neuen Direktor erhielt, dem zu seinem Amtsantritt die Mittel beträchtlich erhöht wurden, und der mir dann die Pistole auf die Brust setzte: Entweder bei Ihnen mit fünf Prozent oder auswärts mit zehn Prozent, da brauchte ich mich nur an einen der Herren des Kuratoriums zu wenden. Der erklärte sofort: »Ich habe Ihren Vater gekannt und ich kenne Sie. Ich weiß, was eine nach Grundsätzen arbeitende Buchhandlung für eine Stadt wie Rheydt bedeutet. Wenn Sie erklären, daß Sie allgemein Rabatt nicht geben können und aus Gewissensgründen ausnahmsweise Rabatt nicht geben wollen, so genügt das, und ich verspreche Ihnen: aus städtischen Mitteln wird nicht für eine Mark auswärts gekauft.«

WILHELM LANGEWIESCHE

Es ist die Sehnsucht meines Lebens, gerade den breiten Massen der Nation, also denen, die man die Ungebildeten nennt, durch meine Arbeit dienen zu dürfen.

KARL ROBERT LANGEWIESCHE

Ich bin selbst zufrieden, Hebamme zu sein. Glücklich genug, wenn meine Bemühungen dem deutschen Vaterlande nicht ganz unnützlich sind, und wenn aus meinen Ausführungen erhellet, daß ich den Fortgang der Wissenschaften, nicht aber Privatabsichten zum Augenmerk habe.

FRIEDRICH NICOLAI

Überhaupt gleicht die Buchhandlung einem Färbekessel, an dem man viele Jahre gestanden und im Schweiße seines Angesichts muß gearbeitet haben. Wer die Sache nur von außen ansiehet, glaubt, es komme nur auf einige Rezepte und aufs Eintauchen und Herausziehen aus dem Kessel an.

FRIEDRICH NICOLAI

Jeder Beruf hat seine Tragik. Wenn der Arbeiter seine Arbeitskraft als einziges hat, womit er sein Leben stützen kann, wenn der Gelehrte gezwungen ist, weitgehend darauf zu verzichten, Freuden zu genießen, die der übrigen Menschheit nahe liegen, so ist es beim Buchhändler als das Tragische zu bezeichnen, daß er es mit einer Ware zu tun hat, die dem Inhalt nach mit ganz anderen Maßstäben gemessen wird als mit wirtschaftlichen; und wir alle, Verleger wie Sortimenter, erfahren es täglich, daß uns der Zwiespalt zwischen der wirtschaftlichen Wertung, der sich im Preise des Buches ausdrückt, und der geistigen Wertung, die größten Sorgen und Unannehmlichkeiten bereitet.

FRIEDRICH OLDENBOURG

Ich sehe die Notwendigkeit ein, wenn ich die Unternehmung meiner Handlung im ganzen überlege, streng als Kaufmann zu denken; aber es wäre für meinen Verstand und mein Herz ein großes Unglück, wenn ich immer als Kaufmann denken wollte.

FRIEDRICH NICOLAI

Ich versichere gewiß, daß eine große Menge gemeinnütziger Bücher durch die Buchhändler entstanden sind, welche gemeiniglich besser wissen, was das Publikum verlangt als die Schriftsteller.

FRIEDRICH NICOLAI

Wie könnte ach! so schön doch das Verlegen sein,
Wollt' jedem Buche auch Merkur den Segen leihn.

BENNO PAPENTRIGK

Durch den Buchhandel ist entstanden, daß wir eine allgemeine deutsche Literatur haben, während Frankreich und auch England nur noch eine Pariser und Londoner haben.

FRIEDRICH CHRISTOPH PERTHES

Der Sortimenter ist der Balgentreter, ohne den der größte Virtuos vergeblich auf der Orgel spielt.

FRIEDRICH CHRISTOPH PERTHES

Der deutsche Buchhandel ist das einzige noch vorhandene Band, welches die ganze Nation umfaßt; ein Nationalinstitut ist er, frei aus sich selbst entsprossen und beinahe unsere nationalen Eigentümlichkeiten charakterisierend. Daß er nicht alles leistete, was er leisten konnte, ist wahr; aber für die Zukunft kann er noch vieles leisten, und er allein kann die deutsche Gelehrtenrepublik retten, und das ist meine Aufgabe für dieses Leben.

FRIEDRICH CHRISTOPH PERTHES

Größere Fragen, andere und tiefere als früher, werden an die Geschichte getan, und eine Antwort darauf darf nicht ausbleiben. Mein Beruf nun soll es werden, die Männer, welche solche Antwort geben können, suchen zu helfen, sie zu drängen und zu treiben, das, was sie können, auch wirklich zu tun, und ihnen in allen Dingen, die dem Buchhändler näher liegen als dem Gelehrten, förderlich und behilflich zu sein.

FRIEDRICH CHRISTOPH PERTHES

Der Nerv des Buchhandels ist der Sortimentshandel, das ist die Kunst, Bücher unter die Leute zu bringen; Kenntnis des Besseren und der Wille, dieses lieber als das Schlechte zu verkaufen, gibt ihm seinen sittlichen Wert.

FRIEDRICH CHRISTOPH PERTHES

Nur dadurch mag sich ein Buchhändler verdient machen, wenn er das seinige dazu beiträgt, um gelehrte Männer aufzusuchen und aufzumuntern, die solche Felder der Gelehrsamkeit, die noch nicht bearbeitet sind, oder auch andere besser, als es bisher geschehen, zu bearbeiten suchen. Nur das ist das Mittel, auch Nacheiferung unter Schriftstellern zu erhalten.

JOHANN STEPHAN PÜTTER

Niemand verständiges wird in Abrede sein, daß unter allen Kauf- und Handelsleuten, keiner Gottes Ehre und des Nächsten Nutz besser als ein Buchhändler befördern kann. Wenn sich das Gegenteil bisweilen ereignet, ist solches keineswegs diesem löblichen Beruf, sondern dem allgemeinen Verderben des menschlichen Geschlechts beizumessen.

RELIGIO BIBLIOPOLAE

Neben dem deutschen Leser hat der deutsche Buchhandel in Gegenwart und Zukunft größte Aufgaben zu erfüllen. Er ist der Vermittler höchster geistiger Werte zwischen unserem Volk und seinen Dichtern und Denkern.

PETER ROSEGGER

Die Zerstreuung eines Buches durch die Welt ist fast ein ebenso schwieriges und wichtiges Werk als die Verfertigung desselben.

FRIEDRICH VON SCHILLER

An einem Laden auf dem Marktplatz zu Kuilenburg

An Markttagen verkauf' ich hier Bücher, und in der Woche nicht eines!

AUS EINER SPRUCHSAMMLUNG, AMSTERDAM 1717/18

Ein Buchhändler lässet sich's sehr viel kosten und stecket oft sein ganz Vermögen darein, er ist besorget, wie er jedermann nach Verlangen möge accomodieren. Er schaffet zu dem Ende manches fremde Buch an und lässet sich keinen Weg noch Mühe dauern, und es weiß ihm kein Mensch Dank, er muß auch manches Buch behalten und zu Maculatur machen und also Schaden leiden. Dennoch schaffet er auf Hoffnung immer andere an und dienet also denen Gelehrten und Bücherfreunden.

AUS EINEM ALTEN STÄNDEBUCH

Grabschrift auf einen Bücherverkäufer

Von all' seinen Mühen ist nichts geblieben
diesem Bücherwurm hier als der ewige Frieden;
wir wissen nicht, wem er vertraute;
das Leben ist Arbeit und Glaube.

AUS EINER SPRUCHSAMMLUNG, AMSTERDAM 1717/18

Was den übrigen Handelsleuten die Börse und andere Zusammenkünfte von ihresgleichen ist, um allerhand Neuigkeiten zu erfahren, das ist den Gelehrten der Buchladen. Hier findet ihr in ernsthaften Geschäften abgematteter Geist die verlangte Ruhe.

LUCIAN TANNENBAUM

Die Buchhändler glauben Verstand zu haben, weil sie den anderer Leute in ihren Buden verkaufen.

F. M. AROUET DE VOLTAIRE

Es ist im Beruf des Buchhändlers wie in dem des Modeschöpfers: Der Geschmack wechselt beim Buch wie bei der Haartracht.

F. M. AROUET DE VOLTAIRE

Ich glaubte meinen Augen nicht, als ich nach der Cottaschen Buchhandlung fragte, und man mich in ein Lädchen wies, wo ich mich fast schämte einzutreten; so winzig, eng und schmucklos hab' ich neue Bücher noch nie wohnen sehen, alte wohl! Und noch dazu ist dies der Ort, wo die Schiller und Goethe recht eigentlich zu Hause sind, von wo sie ausgehn ... Cotta trat ein, ein hagrer ältlicher Mann, lebhaft, geschmeidig in eckigen Manieren, in schwäbischer Gemächlichkeit rasch ... Ich mußte von Hamburg erzählen und machte geflissentlich eine prächtige Beschreibung von dem Buchladen meines Freundes Perthes im Jungfernstieg, von der reizenden Lage, der schönen Einrichtung, den weiten Räumen und den aufgereihten kauffertigen Vorräten alles Neuen, Wertvollen und Anziehenden in- und ausländischer Literatur. Ich erweckte keinen Neid, im Gegenteil, das süßeste Behagen, daß man hier solchen Glanz nicht nötig habe und in der geringsten Einrichtung sich behelfe. Dabei leugnet Cotta seine Mittel nicht und macht immer neue Unternehmungen, gibt das größte Honorar, kauft Güter und Häuser und in seinen Geschäften gedeiht alles bestens. Und wie klug spricht er über Literatur! Wie fein und tüchtig ist sein Urteil, wie erkennt er die Talente, wie genau weiß er anzugeben, wo und wie jedes im Publikum Anklang und Erfolg finden kann! So vortrefflich er die buchhändlerischen Interessen versteht, so sind sie ihm doch gar nicht das Höchste; er hat sein eignes Urteil, seinen eignen Geschmack.

KARL AUGUST VARNHAGEN VON ENSE

Solange wir uns der launigen Zeichen des Alphabets bedienen, werden wir von der Vergangenheit abhängig sein und – gleich den griechischen Vasenmalern – die schönsten Wirkungen durch subtile persönliche Abwandlungen traditionellen Stils und althergebrachter Formen erzielen.

FREDERIC WARDE

Gevatter Buchhändler jammert, wenn die Ware nicht dutzendweise abgeht, und der Lachshändler verkauft vier Wochen lang an einem Lachs, der Heringshändler in einem Tage hundert dürre Heringe.

KARL JULIUS WEBER

Wieviel Künste und Wissenschaften wären verborgen geblieben, so nicht das Nachsinnen und Lesen der Bücher zu kläglichem Nachdenken Anlaß gegeben? Muß demnach jeder, wes Standes und Würden immer er seye, mit mir gestehen und bekennen, daß keine nützlichere Handlung jemals gewesen oder sein könne als der Buchhandel.

CHRISTOPH WEIGEL

Wer dem Buche dient, der dient dem Geiste, wer dem Geiste dient, der dient der Welt.

ERNST VON WILDENBRUCH

»Buchbasare nennen sich Buchausstellungen, die einzelne Buchhändler im November und Dezember in Schulen ihres Geschäftsbezirkes abhalten. Ein besonders rühriger Buchhändler in Fort Wayne stellte einer benachbarten Landschule zweitausend Bücher aus seinem Lager zur Verfügung, besorgte die Zu- und Abfuhr, richtete die Ausstellung ein, versah die freiwilligen Helfer mit Bleistiften, Kassablocks und Kleingeld, stellte Erfrischungen bei, stiftete Preise und überließ dem Elternverein 25 % der ihm aus dieser Ausstellung erwachsenen Einnahmen. In einem Interview wies er darauf hin, daß bei solchen Veranstaltungen unbedingt ein bekannter Autor sprechen müsse und man nicht so sehr nach einem finanziellen Erfolg streben, sondern vielmehr künftige Kunden gewinnen und die Freude am

Buch wecken sollte«, berichten die »Informationen für Verlag und Buchhandel« Wien, Nummer 30 vom November 1952. Dazu bemerkt »Der Bibliophile« vom 10. Februar 1953: »Man hat ganz übersehen zu berichten, daß dieser rührige Zeitgenosse die Angewohnheit hat, weder Steuern noch seine Lieferantenrechnungen zu bezahlen und auf diese ungewöhnliche Weise sehr rasch zum Millionär wurde... Und wenn er nicht gestorben ist, so lebt er heute noch.«

38. DER BUCHBINDER

Buchbinder betrügen: 1) Wenn sie von guten Büchern Bogen und gantze Lagen verlieren oder zerschlagen, und hernach den *Defect* entweder gar verschweigen, oder aber von dem Buchhändler fordern. 2) Wenn sie ihren guten Freunden und Kunden ihre Bücher-*Defect*e aus vollkommenen *Exemplari*en, so von andern zu binden übergeben worden, ersetzen, und hernach diese um Ersetzung derer *Defect*e sorgen lassen. 3) Wenn sie mit Fleiß *defect*e Bücher machen, um nur an denen Buchhändlern, mit welchen sie nicht wohl stehen, ihr Müthlein zu kühlen. 4) Wenn sie aus Unachtsamkeit die Bücher verbinden, ungleich faltzen, oder allzuknap beschneiden, und hernach, da man sie deßwegen zur Rede setzt, die Schuld auf den Gesellen wältzen. 5) Wenn sie Bücher, so zusammen gehören, trennen, und um ihres Nutzens willen in zwey oder mehrere Bände binden, da solche doch mit mehrerer *Commodit*ät in einem Band hätten seyn können. 6) Wenn sie ein Buch in Kalb Leder oder Pergament binden sollen, statt dessen aber nur schäfenes nehmen, und es gleichwol vor kälbernes ausgeben. 7) Wenn sie ihre Kunden, und die ihnen Bücher zu binden bringen, von einer Woche zur andern aufhalten, und die Arbeit nicht zu versprochener Zeit befördern. 8) Wenn sie mit den Buchdruckern ein heimlich Verständniß haben, und die von ihnen heimlich nachgedruckte *Exemplaria* von Verlags-Büchern um wolfeiles Geld annehmen, und gebunden verkauffen, dadurch aber dem Verleger mercklichen Schaden thun. 9) Wenn sie metallene Schlösser und Beschläge an Gebet- und Gesang-Büchern übersilbern, und sie hernach unverständigen Käuffern vor pur silberne verkauffen. 10) Wenn sie den Schnitt eines Buchs mit Flisch-Gold vergülden, und es vor gutes Gold ausgeben, auch den Preiß vor den Band darnach anrechnen. 11) Wenn sie unter allerley *Prætext*en mit neugebundenen Verlags-Büchern handeln, und den *privilegi*rten Buchhändlern selbigen Orts heimlich Eingrif thun. 12) Wenn sie alte beschmutzte Bände von Pergament beschaben, und solche vor neue wiederum verkauffen. 13) Wenn sie die Französische und Englische Bände nicht recht zubereiten, daß die Motten bald hinein kommen, und der Band desto eher verderben müsse. 14) Wenn sie die Bogen nicht völlig mit so vielen Stichen, als sich gehöret, einheften, sondern, um bald davon zu kommen, hier und dar Stiche unterlassen, und zwey Bögen zusammen nehmen. 15) Wenn sie die Bücher-Bogen nicht gnugsam schlagen, noch durch ein gutes Leim-Wasser ziehen, und also Arbeit und Leim an Büchern ersparen. 16) Wenn sie unter sich in geheim einen *Tax*, wie sie die Bibeln, Gesang-Bücher, Calender und dergleichen geben wollen, verabreden, und solche daher muthwillig übertheuren. 17) Wenn sie die silberne Buckel und Gesperre, so ihnen zur Einbindung der Bücher gegeben werden, an denen Orten, wo man es nicht so bald mercket, befeilen und beschneiden.

Mittel: 1) Daß man keinem Buchbinder ein Buch unter die Hände gebe, man habe denn solches zuvor fleißig *collationi*ret, da denn, fals es *complet* gewesen, der Buchbinder vor allen Schaden und *Defect* zu stehen, verbunden ist. 2) Daß man zu Vermeidung der übrigen Betrügereyen verständige Leute zu Rath ziehe, und bey Empfang eines Buchs vom Buchbinder solches selbst genau ansehe und durchblättere, da denn gar bald wahrzunehmen seyn wird, ob und wo ein *Defect* am Buch, oder Fehler an dessen Band, sich finde, auf deren jeden hernach, wenn er von dem Buchbinder verhehlet worden, in der Buchbinder-Innung eine gewisse Strafe gesetzet werden könte, und 3) daß ihnen der Eingriff in die *Profession* der Buchhändler, unter was *Prætext* es sey, von hoher Obrigkeit gäntzlich verboten, widrigenfalls aber ihre Bücher die *Confiscir*ung, und auch an ihnen selbst, nach Befinden der Sache, eine Bestrafung, vollzogen werde.

AUS HÖNN'S BETRUGSLEXIKON (1743)

Etliche zwar heften die Bücher zusammen so liederlich, daß die Blätter so bald abfallen als die Blätter von einem Baum, denen die harte Herbstluft gleich den Rest gibt. Einige seynd wohl auch, teils aus Unerfahrenheit, teils aus Saumseligkeit, welche die Bögen versetzen und folgsam dem ganzen Buch ein Schad und Schand zufügen. Im übrigen seynd ohngezweifelt sehr viel, ja die meiste Buchbinder, die nicht allein einen güldenen Schnitt zu machen wissen, sondern auch einen güldenen Wandel führen.

ABRAHAM A SANTA CLARA

Wenn typographisch allgemach die Bücher sich steigern, darf wohl auch der Buchbinder ehrenvoll als Künstler hervortreten. Und wie auf der Kupferplatte sich der Drucker nennt, wenn er aus der Masse der Handwerker sich auszuzeichnen den Mut hat, so finden wir neuerlich den Buchbinder sich entweder bescheiden inwendig auf kleiner Etikette oder zuversichtlicher außen am unteren Rand des Rückens mit goldenen Buchstaben anmeldend.

JOHANN WOLFGANG VON GOETHE

Das Meisterstück, das man von ihnen verlangt, um in die Gilde aufgenommen zu werden, ist keineswegs ein hübscher Einband nach dem neusten Geschmack. Nein, weit entfernt; es muß noch immer eine dicke Bibel in Folio geliefert werden, ganz wie sie vor zwei bis drei Jahrhunderten Mode war, mit plumpen Deckeln und in starkem Leder. Die Aufgabe ist eine Absurdität. Aber es würde dem armen Handwerker schlecht gehen, wenn er behaupten wollte, seine Examinatoren wären dumme Leute.

JOHANN WOLFGANG VON GOETHE

Auf eines Buchbinders Grab

Hier liegt ein Buchbinder, sein Gewissen ist rein,
er stahl niemals ein Buch, ob groß oder klein,
er begnügte sich mit dem Einbinden und dem Verkauf,
drum sah er ein Buch lieber geschlossen als auf.

AUS EINER SPRUCHSAMMLUNG, AMSTERDAM 1717/18

Da die Bücher der äußerliche Einband und die Decke, wenn sie wohl gemacht und reinlich gehalten wird, von beeden ziemlich lang bewahret und die Blätter, nach Belieben ohne vielen Zeitverlust flüchtig herumbgeworfen, dasjenige leichtlich aufzuschlagen vergönnen, was man zu suchen und etwan zu lesen oder auszuzeichnen beliebet: solcher Gestalt ist das löbliche Handwerk der Buchbinder so nötig als nützlich.

CHRISTOPH WEIGEL

39. PAPIER

Es ist fast nichts verächtlichers, schlechters und wilders als ein Fetzen, ein Hader, ein Lumpen, die man öfters auf den Mist wirfet, die auch ein geringes Dienstmensch mit dem Besen hinauskehret, mit dem die mutwillige Hunde auf der Gasse spielen, die zuweilen der Bauer in den Krautgarten hanget, wovor auch die Vögel sich sollen scheuen. Gleichwohl aus solchen schlechten Fetzen und Fuß-Hadern wird das edle, schöne Papier, so auch die höchsten Monarchen sowohl in Händen als Ehren halten.

ABRAHAM A SANTA CLARA

Das Papier ist der größte Nutz der Welt!

ABRAHAM A SANTA CLARA

Wir nähern uns einer Zeit, wo die Vermögen sich ausgleichen und also kleiner werden, wo alle ärmer werden; wir werden billiger Wäsche und billiger Bücher bedürfen, wie man anfängt, kleine Bilder haben zu wollen, weil man keinen Raum mehr hat, um die großen zu hängen. Die Hemden und die Bücher werden nicht mehr von Dauer sein, das ist alles. Die Solidität der Erzeugnisse verschwindet allenthalben.

HONORÉ DE BALZAC

Denkt an das Papier, aus Stoffen gemacht, die zunächst ganz anders aussehen: Stoffresten, Pflanzenfasern oder was sonst. Mir ist es immer unbegreiflich erschienen, wie aus solch verworrenem Zeug das Papier werden kann: dieser reine Zusammenhang; entweder glatt, daß man gern mit der Hand darüber streicht; oder körnig, voll lebendiger Unregelmäßigkeit; oder von einer feinen Rauheit, vornehm bestrebt, durch nichts aufzufallen. Wie wunderbar ist die Fläche solchen Papiers: klarer Fortgang nach allen Seiten; helle Offenheit, freundlich bereit, die von Bedeutung gesättigten Figuren der Schrift aufzunehmen.

ROMANO GUARDINI

Heil dem Erfinder des Papiers; wo er begraben liege, Heil ihm! Mehr als alle Monarchen der Erde hat er für unsere Literatur getan.

JOHANN GOTTFRIED VON HERDER

Wer verlachet dich, Papier?
Paart sich kluge Hand mit dir,
wird der Marmor nicht bestehn,
werden Zedern eh' vergehn,
hat das Eisen nicht Bestand,
dauert nicht der Diamant:
Eher wirst du nicht gefällt,
bis mit dir verbrennt die Welt.

FRIEDRICH VON LOGAU

Daß wir als Menschen leben und ein ehrlich Gedächtnis hinterlassen können, das haben wir dem Papier zu verdanken.

GAIUS PLINIUS SECUNDUS D. AE.

Das Papier hat eine Seele, sie ist rein und licht, aus weißen Stoffen entstanden, im Weiß geboren.

ARMIN RENKER

Das Papier ist das nötigste und nützlichste Mittel zur Erlernung und Fortpflanzung aller rühmlichen Wissenschaften und Künste, ohne welches gar wenige auf die späte Nachkommen erben würden. Wie nützlich das Papier auch in der Kaufmannschaft seye in Führung ihrer Bücher, der Correspondenzen und Briefe, denen

Handwerkern zur Einbindung ihrer Waren, Bekanntmachung der Zeichen etc. etc., will ich jetzt nichts ferneres sagen, sondern nur noch das, was Plinius im 13. Buch, Cap. 11 sagt: Das Papier ist das dienlichste Mittel, den Abgang des Gedächtnisses zu ersetzen und die menschliche Freundschaft am bequemsten fortzupflanzen.

CHRISTOPH WEIGEL

Das Papier ist geduldig.

Es geben nicht alle Lumpen Papier.

Das Papier spricht, wenn die Menschen schweigen.

SPRICHWÖRTER

40. BIBLIOTHEKEN

Bibliothecarii betrügen: 1) Wenn sie von denen Reisenden, welche die *Bibliothec*, darüber sie gesetzet sind, besehen wollen, mehr Geldes, als billig, *prætendi*ren, hernach aber, wo diese keine sonderliche Lust darzu bezeugen, wohl die Helfte weniger nehmen. 2) Wenn sie von dem Fremden das Geld genommen, und ihnen doch hernach, nicht alles (denn das ist öfters wegen Kürtze der Zeit unmöglich, und werdens auch verständige *Passagiers* nicht verlangen) auch nicht einmal das Vornehmste treulich zeigen, noch alle Schränke eröffnen. 3) Wenn denenjenigen, welche Bücher aus der *Bibliothec* entlehnet, bey deren Wiederüberschickung den Zettul, so jene darüber ausgestellet, nicht *remitti*ren, und nach Verfliessung einiger Zeit ihnen solche, Kraft des Zettuls, noch einmal abfodern, selbst aber das Buch unterschlagen. 4) Wenn sie sich in denjenigen Stunden, wozu sie vermöge ihrer Pflicht verbunden sind, in der *Bibliothec* nicht ordentlich antreffen lassen, und entweder ihren *Privat*-Geschäften nachgehen, oder, wie auf *Universit*äten zu geschehen pfleget, mit den Studenten währender Zeit schmausen, und allerhand andere Verhinderungen vorwenden. 5) Wenn sie gute *Editiones* von Büchern austauschen, oder vor vollständige und *accurat*e *Exemplaria defect*e und *vitieus*e hinein stellen. 6) Wenn sie die etwa in einer *Bibliothec* befindliche *Instrumenta Mathematica* zum täglichen Gebrauch abnutzen, und, da solche verderbet, vorgeben, sie seyen schon vorher so gewesen. 7) Wenn sie ihren guten Freunden heimlich und wider ihre *Instruction* Bücher auf Jahr und Tag wohl nach Hause geben, und sie ebenfalls durch täglichen Gebrauch abnutzen lassen. 8) Wenn sie von den Geldern, welche zur Anschaffung neuer und in der *Bibliothec* noch nicht befindlicher *Auctorum* gestiftet sind, etwas entwenden, dadurch, daß sie die Bücher wolfeiler einkauffen, als in der Ausgabe von ihnen berechnet wird. 9) Wenn sie die Bücher, so zwey oder mehrmahlen in der *Bibliothec* sich befinden, heraus nehmen und vor sich verkauffen. 10) Wenn sie keinen ordentlichen *Catalogum* über die in der *Bibliothec* befindliche Bücher führen, damit sie desto eher ein Buch unterschlagen können. 11) Wenn sie denenjenigen, welchen sie wohl wollen, einen öftern Zutritt in die *Bibliothec* vergönnen, andere aber, mit welchen sie nicht so vertraut leben, unter erdichteten Ausflüchten gar nicht *admittir*en, oder mit den verlangten Büchern nicht an die Hand gehen. 12) Wenn sie in die *Bibliothec* nur solche Bücher anschaffen, welche in ihren Kram oder vor ihre *Profession* dienen, oder die ihre Bücher *Correspondent*en im Verlag führen, sie mögen dem *Publico* nützlich seyn oder nicht. 13) Wenn sie mit denen Buchhändlern und Buchbindern heimliche *Pacta* machen, daß jener ihnen ihre vor sich kauffende Bücher in einem geringen Preiß geben, diese aber solche fein wolfeil einbinden, und hingegen ihrer Einbusse wegen, sich an denen Büchern, welche sie in die gemeine *Bibliothec* geben und binden, wieder erholen sollen.

Mittel: Daß dem *Bibliothecario* eine besondere *Instruction*, wie er sein Amt und Verrichtung zu führen, auch mit was vor *Sort*en Bücher er die *Bibliothec* zu versehen, beym Antritt zugestellet, und er darauf verpflichtet, auch die *Bibliothec* zuweilen *visitir*et, ob alles darinnen Ordnungs-mäßig zugehe, und endlich dem *Bibliothecario* alljährlich Rechnung über Einnahme und Ausgabe zu thun auferleget werde. Bes. Spatens Teutsche *Secretariat*-Kunst *P. IV. p.* 1982.

AUS HÖNN'S BETRUGSLEXIKON (1743)

In Bibliotheken fühlt man sich wie in der Gegenwart eines großen Kapitals, das geräuschlos unberechenbare Zinsen spendet.

JOHANN WOLFGANG VON GOETHE

Von einer schönen Bibliothek, die sich meistens auf den Ursprung der Buchdrukkerei und ihr Wachstum bezog, erlaubte er *(Breitkopf)* mir den Gebrauch, wodurch ich mir in diesem Fache einige Kenntnis erwarb.

JOHANN WOLFGANG VON GOETHE

Der Irrtum gehört den Bibliotheken an, das Wahre dem menschlichen Geist; Bücher können sich durch Bücher vermehren, indessen der Verkehr mit lebendigen Urgesetzen dem Geiste gefällt, der das Einfache zu erfassen weiß, das Verwirklichte sich entwirrt und das Dunkel sich aufklärt.

JOHANN WOLFGANG VON GOETHE

Die spätere Königin von Württemberg (eine russische Großfürstin) sah in der

Weimarer Bibliothek malebarische Dokumente, die der Bibliothekar nicht lesen konnte. »Ein Bibliothekar und versteht nicht Malebarisch«, rief sie aus, wozu Goethe bemerkt: »Als ob ein Bibliothekar alle Sprachen der Welt verstehen sollte.«

BERICHT VON J. S. GRÜNER IN EGER

Wenn, was Leibniz geweissagt hat, dereinst die Bibliotheken Städte werden, so wird es auch düstere Straßen und Schindergäßchen geben, so wie jetzt.

GEORG CHRISTOPH LICHTENBERG

Er hatte seine Bibliothek verwachsen, so wie man seine Weste verwächst. Bibliotheken können überhaupt der Seele zu enge und zu weit werden.

GEORG CHRISTOPH LICHTENBERG

Bibliothekssegen

Gieß den Segen, Herr, aus deinen Händen
Über diesen Raum, wo Geistes Fülle
Wohnung fand in vieler Bücher Hülle.
Hüt' das Haus uns vor Gefahr und Bränden.

Wollest gnädig deine Hilfe spenden
Denen, die in echter Wissensliebe
Hier sich finden aus der Welt Getriebe.
Laß ihr suchend Werk sich gut vollenden.

Denn wir glauben, alles Wissens Samen
Ist ein Teil von deinem ew'gen Sein,
Weisend zu der wahren Gottesruhe.

Wenn wir einst uns zu des Grabes Truhe
Neigen, leuchte uns von hier ein Schein
Und erhell' den letzten Tag uns. Amen.

NACH DEM RITUALE ROMANUM
ÜBERTRAGEN VON HERMANN KURTZ

Wie viele still angehäufte Schätze schlummern unberührt in unseren Bibliotheken, diesen Leichenkammern des Wissens!

FRANZ LISZT

Auch ist dies wohl zu bedenken, allen denjenigen, so Liebe und Lust haben, daß solche Schulen und Sprachen in deutschen Landen aufgerichtet und erhalten werden, daß man Fleiß und Kosten nicht spare, gute Bücherhäuser, sonderlich in den großen Städten, die solches wohl vermögen, zu beschaffen.

MARTIN LUTHER

Eine auserlesene Büchersammlung ist der vortrefflichste Hausrat.

FRANCESCO PETRARCA

Die wahre Universität und die wahre Volksschule unserer Tage ist die Bücherei. Die stillste Kirche mit den erschütterndsten Predigten ist die Bücherei. Die billigste Herberge, der sonnigste Garten voll Blüten ewiger Schönheit ist die Bücherei. Und der zauberische Gesundbrunnen immer erneuter Jugend, der nie versiegende Heilquell tiefster Genesung ist abermals die Bücherei.

BÖRRIES FREIHERR VON MÜNCHHAUSEN

Zu dieser Zeit *(1860/1863)* waren noch viel mehr alte Bücher am Leben als heute, und das gab auch sogar kleinen Büchereien, wie man sie gelegentlich besonders in den Häusern der Pfarrer und der Ärzte fand, einen Reichtum oder vielmehr eine Mannigfaltigkeit, die eine moderne Büchersammlung nicht hat.

FRIEDRICH RATZEL

Wie die Schichten der Erde die lebendgen Wesen vergangener Epochen reihenweise aufbewahren, so bewahren die Bretter der Bibliotheken reihenweise die vergangenen Irrtümer und deren Darlegungen, welche, wie jene ersteren, zu ihrer Zeit, sehr lebendig waren und viel Lärm machten, jetzt aber starr und versteinert dastehn, wo nur noch der literarische Paläontologe sie betrachtet.

ARTHUR SCHOPENHAUER

Was mir allein schwerfällt zu verlassen, ist meine eigene und die öffentliche Bibliothek. Ohne Bücher auf der Welt wäre ich längst verzweifelt.

ARTHUR SCHOPENHAUER

Bibliotheken sind allein das sichere und bleibende Gedächtnis des menschlichen Geschlechts.

ARTHUR SCHOPENHAUER

Wir sprachen von der Jenaer Bibliothek, die unter seiner *(Goethes)* Leitung steht; die vier Personen, die an ihr arbeiten ... sind jeder für seine Person verpflichtet, ein Tagebuch über das, was sich täglich ereignet, zu führen; das ist ein wenig kleinlich, aber es wäre zu wünschen, daß dieselbe Ordnung in allen öffentlichen Anstalten herrschte.

FRIEDRICH JAKOB SORET

Apotheken und Bibliotheken sind, wo nicht a priori doch a posteriori betrachtet, einerlei – Dyka, Büchse, sind beide gar häufig leer.

KARL JULIUS WEBER

41. ALTE BÜCHER

Die alten Felder Jahr für Jahr
Das neue Korn bescheren,
Doch alte Bücher, es ist wahr,
Den neuen Stoff zum Lehren.

GEOFFREY CHAUCER

Man muß dann und wann einmal in alten Büchern lesen.

CÄSAR FLAISCHLEN

Ein altes und vergessenes Buch, das daliegt unter verwahrlostem Gerümpel, seine Lettern zur Hälfte erblindet unter gelblichen Flecken, gleicht dem blinden und tückischen Spiegel, den das junge Mädchen in einer modrigen Truhe findet: statt des eigenen Gesichtes starrt ihr die Ahnin entgegen und ein Duft wie des Grabes umschlägt sie; doch findet sie in dem unheimlichen Gesicht so viel von sich selber, daß sie nicht los kann und, im tiefsten gebunden, nicht fühlt, wie die Stunden vergehen. So mag in ein paar Büchern, an die niemand mehr denkt, Österreich sein altes längst zerfallenes Antlitz phosphorisch aufleuchten sehen, mag seinen Namen darin mit einem Klang aussprechen hören, der ihm selbst fremd in den Ohren klingt wie ein unendlich vertrautes und doch rätselhaftes Wort aus einem beklemmenden, verworrenen und üppigen Traum.

HUGO VON HOFMANNSTHAL

Nichts kommt der Schönheit eines mittelalterlichen Bauwerks so nahe, wie die Schönheit des mittelalterlichen Buches.

WILLIAM MORRIS

Ich freue mich immer, wenn ich in meinem Bücherkasten mit Prachtbänden, die unversehrt sind, auch einmal eins sehe, dem die Ecken abgestoßen sind, oder dem der Rücken gebrochen ist. Gerade das ist das Auserwählte, das Gelesene, das Geliebte.

PETER ROSEGGER

Das ist eine Kunst, die ich mir lobe. Es gibt nichts Erbaulicheres auf Erden als ein schönes Buch mit richtig gesetzten Spalten voll reicher, schwarzer Schrift, wundervollen Einfassungen und bunten Bildern. Aber heutzutage lesen die Leute Bücher statt sie anzusehen.

GEORGE BERNARD SHAW

»Das ist Strandgut«, sagt der alte Vetter, und seine Hand gleitet liebkosend über die abgegriffenen Rücken seiner langen Bücherreihe, »Strandgut; denn fast alles sind Antiquaria. Die einstigen Besitzer sind gestorben, verschollen, zugrundegegangen; ihre Bücher sind in alle Welt getrieben, behende und geschäftskundige Leute fischten sie wieder auf und haben sie verkauft; nun stehen sie hier eine Weile zusammen, bis ihrem jetzigen Besitzer das gleiche Los fällt . . .«

THEODOR STORM

DIE SCHRIFT
wurde die Trägerin des Edelsten,
was in den beiden großen
Sphären, der Intelligenz und
der Gefühle, des
forschenden Sinnes und der
schaffenden Einbildungskraft,
die Menschheit errungen
und als eine unvergängliche
Wohltat der späteren Nachwelt
vererbt hat.

ALEXANDER VON HUMBOLDT

›VI‹

42. DAS BUCH IM SPRICHWORT

Fürwitzige Leser laufen über die Bücher hin wie die Sau über einen Rübenacker.

Drei Dinge hab' ich gern alt:
Alte Bücher zum Lesen –
Altes Holz zum Brennen –
Alten Wein zum Trinken.

Wer Bücher machen will und bauen an der Gassen,
der muß die Leute reden lassen.

Bücher fressen und nit käuen ist ungesund.

Drei Dinge muß man erst versuchen, ehe man ihnen kann trauen: Panzer, Bücher und Frauen.

Er spricht wie ein Buch.

Je dicker das Buch, je dünner der Geist.

Wer Bücher kauft und nicht liest,
Bei Tisch sitzt und nicht ißt,
Auf die Jagd geht und nicht schießt,
Ist ein Narr, daß ihr's nur wißt.

Es hat kein Buch so viel Blätter als das Buch: »'s kann sein«.

»Meine Sache ist eine große Sache. Ihr müßt aus dem großen Buche lesen!« sagte der Bauer zum Advokaten, der in einem kleinen Buche nachschlug.

 Das kommt ganz auf den Buchbinder an, sagte der Schulmeister, als man ihn fragte, wieviel Bände Schiller geschrieben hat.

Bücher geben wohl Nasenstüber, aber sie tun nicht weh.

Bücherschmecker hant schlechte Äcker.

Buch macht nicht klug.

Man liest eher ein geborgtes Buch als ein gekauftes.

Große Bücher – große Narren.

Alte Bücher und Freunde soll man wert halten.

Drei Dinge verborgt man nicht ohne Gefährde:
Weib, Bücher und Pferde.

Bücher geben keine Handgriffe.

Schaff' gute Bücher in dein Haus,
sie strömen reichen Segen aus
und wirken als ein Segenshort
auf Kinder und auf Enkel fort.

43. FLUCH DEM BÜCHERDIEB

Er *(Lindner, Professor der Theologie)* hat sich nämlich seit Jahren, das Vertrauen der Inspektoren täuschend, heimlich aus allen wertvollen Handschriften der Universitätsbibliothek mit der Schere Initialen und Miniaturen ausgeschnitten, während er gleichzeitig als Professor über Moral und Eigentumsrecht las. ... Zezschwitz, der ihm befreundet war, nannte dies Laster Ikonomanie, Fechner Spitzbüberei. Merkwürdig ist es, daß der höchst verblendete Ikonomane oder Spitzbube, der sonst für einen Ehrenmann gegolten, seinem Beichtvater Ahlfeld gestanden hat, daß er während seines langjährigen langfingrigen Gebarens nie die geringsten Gewissensbisse gehabt ... Gott bewahre doch einen jeden Christenmenschen vor Ikono- und anderen Manien!

WILHELM VON KÜGELGEN

In der Dämmerung ging ich heimlich wieder auf die Stube. Walter war nicht mehr dort. Ich suchte das Buch wieder hervor und blätterte darin. Dabei fühlte ich, wie mir das Blut in den Kopf stieg: mich gelüstete, das Buch zu stehlen. Aber als ich des Gedankens bewußt wurde, erschrak ich davor wie vor einem Gespenst und flüchtete hinaus und hinunter in das Waschhaus, wo meine Mutter vor dem Waschfaß stand und wusch. Hier fühlte ich mich geborgen und blieb, bis ich mit meiner Mutter nach Hause gehen konnte.

AUGUST WINNIG

Das Buch ist mir lieb.
Wer mir's stiehlt ist ein Dieb.
Sei's Ritter oder Knecht,
Der Galgen wär ihm recht.

Daß buch ist mir lip,
wer mirß stihlt, der ist ein dip:
eß sey ryter oder knecht,
so ist her an den galgen gerecht.

Wer dies Buch findt, geb' es wedder
Oder der Düwel versoll ihm das Ledder.

Wer das puech stel,
desselben chel
muzze sich ertoben
hoch an ein Galgen oben.

Hic liber est Dies Buch ist	mein
Ideo nomen scripsi Daher den Namen schrieb ich	drein
Si vis hunc librum Wenn du willst dies Buch	stehlen
Pendebis Wirst hängen	an der Kehlen
Tunc veniunt Dann werden kommen	die Raben

44. HIE HAT DIES BUCH EIN END...

Hie hat dies Buch ein End,
Gott uns seinen göttlichen Segen send.
Explicit expliciunt,
Sprach die Katz zum Hund,
Die Fladen sind dir ungesund.

O Gott durch deine Güte
Bescher' uns Köpfe und Hüte,
Mäntel und Röcke,
Geißen und Böcke,
Schafe und Rinder,
Viel Frauen und wenig Kinder –
Und so weiter durch die Bank,
Sonst macht uns Armut das Jahr so langk.

Das Buch hat ein Ende,
Gott all Unheil wende
Und geb uns seine Gnad'
Und diesen Samstag ein gutes Bad.

Die Schrift ist der Grundstoff
allen Druckwerks.
Wer kein Auge hat für die
Schrift, kann auch den Satz
nicht würdigen.
Die Schrift könnte und sollte
der unmittelbarste,
persönlichste Ausdruck
unseres Formwillens sein.

PETER JESSEN

Register der Verfasser

und Inhaltsverzeichnis

REGISTER DER VERFASSER

INHALTSVERZEICHNIS

I

II

III

IV

V

VI

Für die Erlaubnis zum Abdruck einzelner Texte sei an dieser Stelle folgenden Verlagen gedankt: Eugen Diederichs Verlag, Düsseldorf · Insel-Verlag, Wiesbaden Otto Harrassowitz, Verlag, Wiesbaden · Otto Müller Verlag, Salzburg, und Suhrkamp-Verlag, Frankfurt am Main; ferner Frau Geheimrat Vossler sowie den Herren Dr. Max Allenspach, Herberth E. Herlitschka und Prof. Friedrich Bischoff.

Für den Werksatz wurde die Linotype-Janson verwendet zusammen mit Handsatzgraden der Original-Janson-Antiqua und -Kursiv der D. Stempel AG. Für die Schaublätter wurden Handsatzschriften der D. Stempel AG benutzt, und zwar Diotima (S. 9), Unger-Fraktur (S. 47), Palatino-Kursiv (S. 77), Original-Baskerville-Kursiv (S. 121), Palatino (S. 139), Melior (S. 181) und Original-Janson-Antiqua (S. 187).

Plakate und Gebrauchsgraphik

Band Nr. 48
Andreas & Angela Hopf
Alte Exlibris
237 Seiten, 220 Abbildungen, davon 32 in Farbe, 16,80 DM

Band Nr. 59
Frieder Mellinghoff (Hrsg.)
Kunst-Ereignisse
Plakate zu Kunst-Ausstellungen. 186 Seiten, 88 farbige Abbildungen, 16,80 DM

Band Nr. 69
Robert Lebeck (Hrsg.)
Reklame-Postkarten
Nachwort von Jürgen Kesting. 176 Seiten, 80, überwiegend farbige Abbildungen, 16,80 DM

Band Nr. 83
Bilder-Gallerie
Nach der Ausgabe von 1825/27. Nachwort von Heiner Höfener. 540 Seiten, 226 Tafeln, 14,80 DM

Band Nr. 91
Ruth Malhotra
Manege frei
Artisten- und Circusplakate von Adolph Friedländer. 296 Seiten, 128 farbige Abbildungen, 19,80 DM

Band Nr. 99
Kurt K. Doberer
Schöne Briefmarken
172 Seiten, 80 farbige Abbildungen, 16,80 DM

Band Nr. 119
Andreas & Angela Hopf
Exlibris der Dame
196 Seiten, 90, meist farbige Abbildungen, 16,80 DM

Band Nr. 127
Fritz Bernhard
Ballspenden
Farbfotos von Elke Dröscher. 247 Seiten, 120 farbige Abbildungen, 19,80 DM

Band Nr. 134
Reingard Witzmann
Freundschafts- und Glückwunschkarten aus dem Wiener Biedermeier
Herausgegeben vom Historischen Museum der Stadt Wien, 193 Seiten, 113 farbige Abbildungen, 19,80 DM

Band Nr. 140
Ernst Wolfgang Mick
Altes Buntpapier
175 Seiten, 89 farbige Abbildungen, 24,80 DM

Band Nr. 141
Rainer E. Lotz
Grammophonplatten aus der Ragtime-Ära
212 Seiten, 80 farbige Abbildungen, 16,80 DM

Band Nr. 145
Albert Pick
Altes Papiergeld
248 Seiten, 120 farbige Abbildungen, 19,80 DM

Band Nr. 153
Ruth Eder
Theaterzettel
251 Seiten, 120 Abbildungen, 12,80 DM

Band Nr. 163
C. P. Maurenbrecher (Hrsg.)
Europäische Kaufrufe I
Straßenhändler in graphischen Darstellungen. Mitteleuropa, England, Rußland. 200 Seiten, 93 meist farbige Abbildungen, 19,80 DM

Band Nr. 165
Frieder Mellinghoff (Hrsg.)
Plakatanschlag für Friedrich Schiller
Theaterplakate deutschsprachiger Bühnen 1900–1980. Einführung von Cornelia Naumann. 175 Seiten, 80, teilweise farbige Abbildungen, 14,80 DM

Band Nr. 172
C. P. Maurenbrecher (Hrsg.)
Europäische Kaufrufe II
Straßenhändler in graphischen Darstellungen. Frankreich, Italien, Iberische Halbinsel, Konstantinopel. 180 Seiten, 83, teilweise farbige Abbildungen, 16,80 DM

Band Nr. 194
Ruth Malhotra
Horror-Galerie
Ein Bestiarium der Dritten Französischen Republik. 180 Seiten, 51 farbige Abbildungen, 16,80 DM

Band Nr. 197
Werner Bokelberg (Hrsg.)
Vending Machine Cards
Pin-up-Girls von gestern. Nachwort von Michael Naumann. 171 Seiten, 79 farbige Abbildungen, 16,80 DM

Band Nr. 215
Dieter Amman
Polnische Plakatkunst
153 Seiten, 70 farbige Abbildungen, 16,80 DM

Band Nr. 225
Immerwährender Kalender für die tüchtige Hausfrau
99 Seiten, 24 Abbildungen, 9,80 DM

Band Nr. 226
Frieder Mellinghoff (Hrsg.)
Aufbruch in das mobile Jahrhundert
Verkehrsmittel auf Plakaten. 163 Seiten, 75 farbige Abbildungen, 19,80 DM

Band Nr. 230
Robert Lebeck (Hrsg.)
Alte Reklame Made in USA
Nachwort von Gerhard Kaufmann. 164 Seiten, 80 farbige Abbildungen, 16,80 DM

Band Nr. 238
Andreas & Angela Hopf
Erotische Exlibris
174 Seiten, 82, teils farbige Abbildungen, 16,80 DM

Band Nr. 250
Udo Andersohn
Musiktitel aus dem Jugendstil
64 Beispiele aus den Jahren 1886 bis 1918. 152 Seiten, 64 Farbtafeln, 16,80 DM

Band Nr. 252
Ulrich Feuerhorst / Holger Steinle
Email-Plakate
96 Seiten, 70 farbige Abbildungen, 16,80 DM

Band Nr. 278
Manfred Bachmann (Hrsg.)
Das Spielzeugmusterbuch
Nach der Ausgabe um 1850. 137 Seiten, 64 Farbseiten, 16,80 DM

Band Nr. 285
Max Schönherr/
Johann Ziegler
Aus der Zeit des
Wiener Walzers
Titelblätter von Tanzkompositionen der Walzerfamilie Strauß. 227 Seiten, 100, teils farbige Abb., 14,80 DM

Band Nr. 286
Reinhard Stach
Bilder aus der Schule
Wandbilder aus hundert Jahren. 174 Seiten, 70 farbige Abbildungen, 16,80 DM

Band Nr. 294
Erich J. May
Auf Mark und Pfennig
Rechnungsformulare aus alter Zeit. 175 Seiten, 78 meist farbige Abbildungen, 16,80 DM

Band Nr. 302
Elke Dröscher
Oblaten-Album
136 Seiten, 60 Farbtafeln, 16,80 DM

Band Nr. 320
Peter von Wedel
Die Reise ins Bad
Kur- und Badeplakate von gestern. 139 Seiten, 80 farbige Abbildungen, 19,80 DM

Band Nr. 334
Seht her, Genossen!
Plakate aus der Sowjetunion. Nachwort von Klaus Waschik. 204 Seiten, 83 farbige Abbildungen, 19,80 DM

Band Nr. 347
Herbert Fleissner (Hrsg.)
Kauft Bücher!
Verlagsplakate um die Jahrhundertwende. Nachwort von Frieder Mellinghoff. 97, meist farbige Abbildungen, 120 Seiten, 19,80 DM

Band Nr. 356
Eckart Henning/
Wolfgang Tasler
La Carte
Visitenkarten von gestern und heute. 102 abgebildete Karten, 135 Seiten, 14,80 DM

Band Nr. 387
Magdalena M. Moeller (Hg.)
Plakate für den blauen Dunst
Reklame für Zigarren und Zigaretten. 86 farbige Plakate, 156 Seiten, 19,80 DM

Kunst

Band Nr. 1
Gutenberg-Bibel
Nach der Ausgabe von 1450–1455. Nachworte von Wieland Schmidt und Aloys Ruppel. 320 Seiten, 19,80 DM

Band Nr. 19
Grandville
Die Seele der Blumen –
Les Fleurs Animées
Nach der Ausgabe von 1847. Nachwort von Marianne Bernhard. 116 Seiten, 5 Farbtafeln, 14,80 DM

Band Nr. 26
Herzensangelegenheiten.
Liebe aus der Gartenlaube
Aus dem 19. Jahrhundert. Nachwort von Marianne Bernhard. 156 Seiten, 102 Abbildungen, 6,80 DM

Band Nr. 39
Ludwig Richter
Beschauliches
und Erbauliches
Nach der Ausgabe von 1855. Nachwort von Reinhard Bentmann. 66 Seiten, 35 Holzschnitte, 6,80 DM

Band Nr. 43
Hans Burgkmair d. J.
Turnier-Buch
Nach der Ausgabe von 1853. Nachwort von Reinhard Bentmann. 86 Seiten, 27 Farbtafeln nach H. Burgkmair, 9,80 DM

Band Nr. 49
Johann Wolfgang von Goethe
Reineke Fuchs
Nach der Ausgabe von 1867. Nachwort von Walter Scherf. 36 Stahlstiche von Wilhelm von Kaulbach. 356 Seiten, 12,80 DM

Band Nr. 67
Ludwig Richter
Goethe-Album
Nach der Ausgabe von 1857. 40 Holzschnitte von Ludwig Richter. 82 Seiten, 6,80 DM

Band Nr. 85
Oscar Wilde
Salome
Mit den Illustrationen von Aubrey Beardsley. Nachwort von Gabriele Sterner. 76 Seiten, 16 Abbildungen, 7,80 DM

Band Nr. 95
Albrecht Dürer
Die drei großen Bücher
Marienleben–Große Passion–Apokalypse. Nach den Ausgaben von 1513. Herausgegeben von Horst Appuhn. 182 Seiten, 48 Holzschnitte, 9,80 DM

Band Nr. 100
Triumphzug
Kaiser Maximilians I.
Bilderfries aus 137 Holzschnitten.
Herausgegeben von Horst Appuhn. 205 Seiten, 137 Abbildungen, 9,80 DM

Band Nr. 108
Rebusbilder
Aus der Wiener allgemeinen Theaterzeitung. Nachwort von Fritz Bernhard. 92 Seiten, 46 Farbtafeln, 14,80 DM

Band Nr. 109
Grandville
Verwandlungen von heute
Nach der Ausgabe von 1854. Nachwort von Marianne Bernhard. 155 Seiten, 70 farbige Abbildungen, 14,80 DM

Band Nr. 128
Hishikawa Moronobu
Vergnügungen der Liebe
Nach der Buchausgabe von 1683. Herausgegeben von Franz Winzinger. 45 Seiten, 32 Abbildungen, 12,80 DM

Band 129
Albert Schindehütte
Sammelalbum
Werkverzeichnis der Druckgraphik. Texte von Peter Rühmkorf, Günter Bruno Fuchs und H. C. Artmann. Mit signierter Original-Radierung. 360 Seiten, 170 teilweise farbige Abbildungen, 29,80 DM

Band Nr. 130
Das Hausbuch der Cerruti
Nach der Handschrift in der Österr. Nationalbibliothek. Übertragung und Nachwort von Franz Unterkircher. 227 Seiten, davon 212 Farbseiten, 24,80 DM

Band Nr. 169
Pierre-Joseph Redouté
Die Rosen
Nach der Ausgabe von 1817–1824. Nachwort von Edmund Launert. 366 Seiten, 167 farbige Abbildungen, 29,80 DM

Band Nr. 175
Wilhelm Deutschmann
Theatralische Bilder-Gallerie
Wiener Theater in Aquarellen von Johann Christian Schoeller. Herausgegeben vom Historischen Museum der Stadt Wien. 192 Seiten, 81 farbige Abbildungen, 19,80 DM

Band Nr. 182
Jean Henri Marlet
Pariser Volksleben
Kolorierte Lithographien. Nachwort von Gretel Wagner. 156 Seiten, 68 farbige Abbildungen, 16,80 DM

Band Nr. 185
Götter und Dämonen
Handschrift mit Schattenspielfiguren. Nach der Ausgabe von 1848. Einführung von Clara B. Wilpert. 90 Seiten, 60 farbige Abbildungen, 24,80 DM

Band Nr. 186
Marianne Bernhard (Hrsg.)
Künstler-Autographen
Dichter, Maler und Musiker in ihrer Handschrift. 266 Seiten, 14,80 DM

Band Nr. 190
Thomas Rowlandson
Allerlei Liebe
Erotische Graphik. Nachwort von Gerd Unverfehrt. 124 Seiten, 50 farbige Abbildungen, 14,80 DM

Band Nr. 191
Michael Weisser
Medaillen und Plaketten
Europäische Medaillierkunst zwischen Historismus, Jugendstil und Art deco. 190 Seiten, 120 Abb., 12,80 DM

Band Nr. 201
Kitagawa Utamaro
Schatzkammer der Liebe
Nachdruck der Ausgabe um 1800. Herausgegeben von Franz Winzinger. 47 Seiten, 30 Farbseiten, 14,80 DM

Band Nr. 204
Jeannot Simmen
Ruinen-Faszination
In der Graphik vom 16. Jahrhundert bis in die Gegenwart. 225 Seiten, 115 teilweise farbige Abbildungen, 14,80 DM

Band Nr. 213
Marcus Elieser Bloch
Naturgeschichte der Fische I
Fische Deutschlands. Eine Auswahl. Nachwort von Christine Karrer. 201 Seiten, 82 farbige Abbildungen, 19,80 DM

Band Nr. 219
Jost Amman
Die Frauenzimmer
Die Frauen Europas und ihre Trachten. Nachdruck der Erstausgabe von 1586. Nachwort von Curt Grützmacher. 276 Seiten, 124 Holzschnittillustrationen, 9,80 DM

Band Nr. 234
Bella Napoli
Neapolitanisches Volksleben in kolorierten Lithographien von Gaetano Dura. Aufsatz „Neapel“ von Ferdinand Gregorovius. 125 Seiten, 40 Farbtafeln, 16,80 DM

Band Nr. 237
Nicolas Robert
Tulpen
Miniaturen von Nicolas Robert. Nachwort von Armin Geus. 100 Seiten, 38 Farbtafeln, 14,80 DM

Band Nr. 245
Marcus Elieser Bloch
Naturgeschichte der Fische II
Ausländische Fische. Eine Auswahl von Christine Karrer. 167 Seiten, 82 farbige Abbildungen, 19,80 DM

Band Nr. 248
Heinz Schomann (Hrsg.)
Kaisergalerie
Die Herrscherporträts des Kaisersaals im Frankfurter Römer. 72 Seiten, 52 farbige Abbildungen, 16,80 DM

Band Nr. 250
Udo Andersohn
Musiktitel aus dem Jugendstil
64 Beispiele aus den Jahren 1886 bis 1918. 152 Seiten, 64 Farbtafeln, 16,80 DM

Band Nr. 255
Christoph Jakob Trew
Erlesene Pflanzen
Nach den 100 kolorierten Kupfern der „Plantae selectae“ aus den Jahren 1750 bis 1775. Erläuterungen und Nachwort von Edmund Launert. 146 Seiten, 100 farbige Abbildungen, 24,80 DM

Band Nr. 257
Philip Rawson
Erotische Kunst aus Indien
Miniaturen aus drei Jahrhunderten. 109 Seiten, 40 Farbtafeln, 14,80 DM

Band Nr. 267
Horst Appuhn (Hrsg.)
Heilsspiegel
Die Bilder des mittelalterlichen Erbauungsbuches „Speculum humanae salvationis“. 138 Seiten, 80 Farbtafeln, 19,80 DM

Band Nr. 270
Henry Monnier
Aus der Bohème
Erotische Bilder. Nachwort von Rudolf Kimmig. 54 Seiten, 50 farbige Abbildungen, 14,80 DM

Band Nr. 273
C. J. Cela / P. Picasso
Geschichten ohne Liebe
Farbillustrationen von Pablo Picasso. 151 Seiten, 32 farbige Abbildungen, 14,80 DM

Band Nr. 274
Katsushika Hokusai
Die hundert Ansichten des Berges Fuji
Fugaku Hyakkei. Gesamtausgabe. Erläuterungen von Franz Winzinger. 180 Seiten, 103 Abbildungen, 16,80 DM

Band Nr. 280
Carsten-Peter Warncke
Bavaria sancta – Heiliges Bayern
Die altbayerischen Patrone aus der Heiligengeschichte des Matthaeus Rader. In Bildern von J. M. Kager, P. Candid und R. Sadeler. 317 Seiten, 138 Abbildungen, 14,80 DM

Band Nr. 288
Philippe Garner
Jugendstil-Glas

Gallé – Tiffany – Lalique. 102 Seiten, 40 farbige Abbildungen, 14,80 DM

Band Nr. 289
Fritz Winzer
Die Stundenbücher des Duc de Berry
Les Belles Heures – Les Très Riches Heures. 141 Seiten, 60 farbige Abbildungen, 16,80 DM

Band Nr. 298
Frans Masereel
Mein Stundenbuch
Ein Bilderroman in 165 Holzschnitten. Nachdruck der deutschen Erstausgabe von 1926. Einführung von Thomas Mann.
Nachwort von Rudolf Hagelstange. 223 Seiten, 165 Abbildungen, 14,80 DM

Band Nr. 301
Hugh Tait
Venezianisches Glas
Aus dem Englischen von Rudolf Kimmig. 275 Seiten, 240, teils farbige Tafeln, 24,80 DM

Band Nr. 303
Karl Blossfeldt
Urformen der Kunst
Photographierte Pflanzen
Nach der Ausgabe Berlin 1929.
272 Seiten, 100 Abbildungen, 14,80 DM

Band Nr. 312
Gabriele Grosse
Tapisserien
Herausgegeben von Armin Geus. 224 Seiten, 90 farbige Abbildungen mit handsignierter Originalradierung, 38,– DM

Band Nr. 312a
Vorzugsausgabe von 999 Exemplaren, mit drei lose beigegebenen, handsignierten Originalradierungen, 98 DM

Band Nr. 314
HAP Grieshaber/
Margarete Hannsmann
Grob, fein & göttlich
150 Seiten, 50 farbige Abbildungen, 16,80 DM

Band Nr. 315
Heinz Skrobucha
Ikonen
148 Seiten, 100 farbige Abbildungen, 24,80 DM

Band Nr. 319
Hendrick Lühl (Hrsg.)
Osaka-Holzschnitte
187 Seiten, 90 teils farbige Abbildungen, 19,80 DM

Band Nr. 321
Walter Crane
Das Blumenfest
Nachwort von Suzanne Koranyi-Esser. 102 Seiten, 40 farbige Abbildungen, 14,80 DM

Band Nr. 326
Johann Heinrich
Wilhelm Tischbein
Idyllen
Herausgegeben von Peter Reindl. 147 Seiten, 60 farbige Abbildungen, 19,80 DM

Band Nr. 332
Jacques Callot
Kleine und große Schrecken des Krieges
Nachwort von Franz Winzinger. 110 Seiten, 40 Abbildungen, 9,80 DM

Band Nr. 337
Max Slevogt
Die Gemälde auf Schloß Villa Ludwigshöhe
Nachwort von Berthold Roland. 145 Seiten, 60 Abbildungen, 19,80 DM

Band Nr. 343
Dolf Lindner (Hrsg.)
Hausner: Werkverzeichnis
159 Abbildungen, 320 Seiten mit einer signierten Originalgraphik, 48,– DM

Band Nr. 343a
Vorzugsausgabe von 999 Exemplaren mit einer lose beigegebenen numerierten und signierten Originalgraphik, 128,– DM

Band Nr. 344
Jürgen Spohn
Ich, dein Bär
52 farbige Postkarten, 122 Seiten, 16,80 DM

Band Nr. 348
Herwig Guratzsch/
Gerd Unverfehrt (Hrsg.)
Gustave Doré
356 Abbildungen, 693 Seiten (2 Bände), je 14,80 DM

Band Nr. 349
Otmar Alt
Liebes-Buch der Elefanten
Erotische Aquarelle. Nachwort von Hanns Theodor Flemming. 56 Abbildungen, 118 Seiten mit einem signierten Originalsiebdruck, 38,– DM

Band Nr. 349a
Vorzugsausgabe von 999 Exemplaren mit einem lose beigegebenen, numerierten, signierten und um drei weitere Farben angereicherten Originalsiebdruck, 98,– DM

Band Nr. 355
Peter Paul Rubens
Palazzi di Genova
Herausgegeben und mit einem Nachwort von Heinz Schomann. 136 Abbildungen, 217 Seiten, 14,80 DM

Band Nr. 373
Fritz Janschka
Ulysses-Alphabet
Nachwort von John Norton-Smith. 54, meist farbige Abbildungen, 119 Seiten mit einer signierten Originalgraphik, 38,– DM

Band Nr. 373a
Vorzugsausgabe von 999 Exemplaren mit einer lose beigegebenen, numerierten und signierten Originalradierung, 128,– DM

Band Nr. 386
Hendrik Goltzius
Eros und Gewalt
Stiche aus der Werkstatt von Hendrik Goltzius. Mit einem Vorwort von Eva Magnaguagno-Korazija. 73 Abbildungen, 207 Seiten, 14,80 DM

Band Nr. 391
Bruno Bruni
Das druckgraphische Werk 1961–1976. 210 Abbildungen, 244 Seiten, 16,80 DM

Band Nr. 402
Simon Dittrich
Werkverzeichnis
146 meist farbige Abbildungen, 257 Seiten, einmalige,

numerierte Auflage von 5000 Exemplaren. Beigegeben farbige, handsignierte Originalgraphik, 38,– DM

Band Nr. 912
Vorzugsausgabe in 999 Exemplaren mit buchkünstlerisch gestaltetem Einband und beigegebener Originalgraphik (signiert und numeriert), 128,– DM

Band Nr. 410
Michael Parkes
Werkverzeichnis. Mit einem Nachwort von Hans Redeker. 96 meist farbige Abbildungen, 146 Seiten. Einmalige, limitierte Auflage von 5000 Exemplaren. Beigegeben farbige, handsignierte Originalgraphik, 38,– DM

Band Nr. 415
Michael Mathias Prechtl
Charakter-Bilder
Nachwort von Rolf Michaelis. 60 farbige Abbildungen, 177 Seiten, 19,80 DM

Band Nr. 914
Ausgabe mit signierter Originalradierung, 48,– DM

Band Nr. 915
Vorzugsausgabe mit drei signierten und numerierten Originalradierungen, 138,– DM

Band Nr. 416
Wolfgang Hutter
Werkverzeichnis
Mit Texten des Künstlers und einem Nachwort von Dolf Lindner. 227 Abbildungen, davon 180 in Farbe, 300 Seiten, 28,– DM

Band Nr. 916
Ausgabe mit signierter Originalradierung, 68,– DM

Band Nr. 917
Vorzugsausgabe in 999 Exemplaren mit signierter und numerierter Originalradierung, 138,– DM

Band Nr. 417
Die 102 illuminierten Seiten der Gutenberg-Bibel
Nachwort von Eberhard König, 102 achtfarbige Abbildungen, ca. 250 Seiten, 28,– DM

Literatur

Band Nr. 8
Pater Hilarion
alias Joseph Richter
Bildergalerie
weltlicher Misbräuche
Nach der Ausgabe von 1785. 270 Seiten, 20 Tafeln, 9,80 DM

Band Nr. 17
Lügen-Chronik oder
Wunderbare Reisen
zu Wasser und zu Lande
und lustige Abenteuer des
Freiherrn v. Münchhausen
Nach der Ausgabe von 1839. 504 Seiten, 117 Holzschnitte, 14,80 DM

Band Nr. 20
Johann Wolfgang von Goethe
Die Leiden
des jungen Werthers
Friedrich Nicolai
Die Freuden
des jungen Werthers
Nach den Ausgaben von 1774 und 1775. Nachwort von Heiner Höfener. 307 Seiten, 12,80 DM

Band Nr. 25
Deutsches Balladenbuch
Nach der Ausgabe von 1861. 360 Seiten, 122 Holzschnitte von Ludwig Richter u. a., 12,80 DM

Band Nr. 35
Das Nibelungenlied
Übersetzt von Gotthard Oswald Marbach. Nach der Ausgabe von 1840. 416 Seiten, 44 Holzschnitte, 14,80 DM

Band Nr. 38
Oliver Goldsmith
Der Landprediger
von Wakefield
Übersetzt von Ernst Susemihl. Nach der Ausgabe von 1841. Nachwort von Heiner Höfener. 288 Seiten, 58 Holzschnitte von Ludwig Richter, 7,80 DM

Band Nr. 42
Johann Peter Hebel
Allemannische Gedichte
für Freunde ländlicher
Natur und Sitten
Nach der Ausgabe von 1851. 273 Seiten, 95 Holzschnitte von Ludwig Richter, 7,80 DM

Band Nr. 44
Johann Gottfried von Herder
Der Cid
Nach der Ausgabe von 1859. Nachwort von Heiner Höfener.
260 Seiten, 73 Holzschnitte von Eugen Neureuther, 9,80 DM

Band Nr. 45
Theodor Storm
Immensee
Nach der Ausgabe von 1857. 60 Seiten, 12 Abbildungen von Ludwig Pietsch, 6,80 DM

Band Nr. 49
Johann Wolfgang von Goethe
Reineke Fuchs
Nach der Ausgabe von 1867. Nachwort von Walter Scherf. 36 Stahlstiche von Wilhelm von Kaulbach. 356 Seiten, 12,80 DM

Band Nr. 51
Abraham a Sancta Clara
Hundert Ausbündige Narren
Nach der Ausgabe von 1709. Nachwort von Wilfried Deufert. 101 Tafeln von Johann Christoph Weigel, 532 Seiten, 16,80 DM

Band Nr. 54a
Johann Gottwerth
Müller von Itzehoe
Siegfried von Lindenberg
Nach der Ausgabe von 1779. Anhang von Friedrich Priewe, Wolfgang Reschke und Alexander Ritter. 254 Seiten, 12 Abbildungen von Chodowiecki, 6,80 DM

Band Nr. 60
Johann Wolfgang von Goethe
Das römische Carneval
Nach der Ausgabe von 1789. Nachwort von Harald Keller. 20 Farbtafeln nach Georg Schütz. 129 Seiten, 12,80 DM

Band Nr. 61
Heinrich von Kleist
Der zerbrochene Krug
Nach der Ausgabe von 1877. Nachwort von Marianne Bernhard. 34 Holzschnitte von Adolph von Menzel. 108 Seiten, 6,80 DM

Band Nr. 68
August Friedrich Cranz
Charlatanerien
Nach der Ausgabe von 1781. Nachwort von Horst Möller. 410 Seiten, 12,80 DM

Band Nr. 73
Homer
Ilias
Übertragen von Johann Heinrich Voß. Nach der Ausgabe von 1882. Nachwort von Gerhard Lohse. Zahlreiche Abbildungen von Friedrich Preller d. J. 436 Seiten, 14,80 DM

Band Nr. 76
Marquis de Sade
Die hundertzwanzig Tage von Sodom
Übersetzt von Karl von Haverland. Nach der Ausgabe von 1909. Nachwort von Marion Luckow. 51 Illustrationen von Karl Maria Dietz. 568 Seiten, 16,80 DM

Band Nr. 79
Homer
Odyssee
Übertragen von Johann Heinrich Voß. Nach der Ausgabe von 1872. Nachwort von Gerhard Lohse. 40 Abbildungen von Friedrich Preller. 366 Seiten, 14,80 DM

Band Nr. 85
Oscar Wilde
Salome
Mit den Illustrationen von Aubrey Beardsley. Nachwort von Gabriele Sterner. 76 Seiten, 16 Abbildungen, 7,80 DM

Band Nr. 87
Johann Peter Hebel
Schwänke aus dem Rheinländischen Hausfreund
Herausgegeben von Hubert Göbels. Illustrationen von Carl F. Schulz. 643 Seiten, 120 Abbildungen, 14,80 DM

Band Nr. 122
Carl Ludwig Wilhelm von Poellnitz
Das galante Sachsen
Nach der Ausgabe von 1735. 336 Seiten, 1 Abbildung, 12,80 DM

Band Nr. 144
Theodor Fontane
Jenseit des Tweed
Nach der Erstausgabe von 1860. Bleistiftzeichnungen von Bernhard von Lepel. Herausgegeben von Otto Drude. 439 Seiten, 14,80 DM

Band Nr. 156
Julius Jakob
Wörterbuch des Wiener Dialektes
Nach der Erstausgabe von 1929. 233 Seiten, 8,80 DM

Band Nr. 173
Hans J. Schickedanz (Hrsg.)
Der Dandy
Texte und Bilder aus dem 19. Jahrhundert. 206 Seiten, 70, teilweise farbige Abbildungen, 14,80 DM

Band Nr. 207
Rudolph Zacharias Becker
Noth- und Hülfsbüchlein für Bauersleute
Nachdruck der Erstausgabe von 1788. Herausgegeben und Nachwort von Reinhart Siegert. 499 Seiten, zahlreiche Holzschnittillustrationen, 14,80 DM

Band Nr. 221
Julius Nisle
Casanova-Galerie
Szenen aus den Memoiren des Chevalier de Seingalt. Nachdruck der Buchausgabe um 1840. 241 Seiten, 48 farbige Abbildungen, 16,80 DM

Band Nr. 224
Johann Heinrich Ramberg
Tyll Eulenspiegel
Nachdruck der Ausgabe von 1863. Radierungen von Johann Heinrich Ramberg. Nachwort von Georg Bollenbeck. 165 Seiten, 12,80 DM

Band Nr. 273
C. J. Cela / P. Picasso
Geschichten ohne Liebe
Farbillustrationen von Pablo Picasso. 151 Seiten, 32 farbige Abbildungen, 14,80 DM

Band Nr. 287
Karl Hobrecker
Alte vergessene Kinderbücher
Nach der Erstausgabe von 1924. Herausgegeben von Hubert Göbels. 215 Seiten, zahlreiche, teils farbige Abbildungen, 16,80 DM

Band Nr. 295
Ernst Wolfgang Mick
Goethes umränderte Blättchen
169 Seiten, 80, teils farbige Abbildungen, 16,80 DM

Band Nr. 357
Grimms Märchen
Die kleine Ausgabe aus dem Jahr 1825. Nachwort von Hermann Gerstner. 354 Seiten, 16,80 DM

Band Nr. 373
Fritz Janschka
Ulysses-Alphabet
Nachwort von J. Norton-Smith. 54 farbige Abbildungen, 119 Seiten mit einer signierten Originalgrafik, 38,– DM
Band Nr. 373a
Vorzugsausgabe von 999 Exemplaren mit einer lose beigegebenen, numerierten und signierten Originalradierung, 128,– DM

Band Nr. 378
Gabriel Rollenhagen
Sinn-Bilder
Ein Tugendspiegel. Bearbeitung und Nachwort von Carsten-Peter Warncke. 203 Abbildungen, 431 Seiten, 19,80 DM

Band Nr. 385
Francesco Petrarca
Trostspiegel in Glück und Unglück
Guter Rat für alle Lebenslagen. Mit einem Nachwort von Norbert Schneider. Ca. 320 Seiten, 14,80 DM

Band Nr. 405
Goethes geheime erotische Epigramme
Mit einem Nachwort von Arno Kappler. 37 Abbildungen, 92 Seiten, 14,80 DM

Band Nr. 406
Friedrich Schiller
Die Räuber
Eine Dokumentation mit dem vollständigen Text, über 100 Illustrationen und ausführlichem Kommentar. Herausgegeben von Doris Maurer. 52 Abbildungen, 223 Seiten, 12,80 DM

Anthologien/ Sammlungen

Band Nr. 2
Lieder der Heimath
Nach der Ausgabe von 1868. 236 Seiten, 119 Abbildungen 7,80 DM

Band Nr. 5
Ludwig Bechstein's Märchenbuch
Nach der Ausgabe von 1853. 174 Holzschnitte von Ludwig Richter. 280 Seiten, 9,80 DM

Band Nr. 13
L. Richter/A. E. Marschner
Alte und neue Studentenlieder
Nach der Ausgabe von 1844. 66 Holzschnitte von Ludwig Richter. 80 Seiten, 6,80 DM

Band Nr. 17
Lügen-Chronik oder Wunderbare Reisen zu Wasser und zu Lande und lustige Abenteuer des Freiherrn v. Münchhausen
Nach der Ausgabe von 1839. 504 Seiten, 117 Holzschnitte, 14,80 DM

Band Nr. 22
Alte Bilderrätsel
Aus dem 19. Jahrhundert. Nachwort von Ulrike Bessler. 151 Seiten, 69 Tafeln, 6,80 DM

Band Nr. 25
Deutsches Balladenbuch
Nach der Ausgabe von 1861. 360 Seiten, 122 Holzschnitte von Ludwig Richter u. a., 12,80 DM

Band Nr. 37
Die Deutschen Sprichwörter
Nach der Ausgabe von 1846. Nachwort von Hermann Bausinger, 602 Seiten, 16,80 DM

Band Nr. 39
Ludwig Richter
Beschauliches und Erbauliches
Nach der Ausgabe von 1855. Nachwort von Reinhard Bentmann. 66 Seiten, 35 Holzschnitte, 6,80 DM

Band Nr. 40
F. J. Kiefer
Die Sagen des Rheinlandes
Nach der Ausgabe von 1845. 300 Seiten, 20 Stahlstiche, 12,80 DM

Band Nr. 47
Georg Scherer (Hrsg.)
Die schönsten deutschen Volkslieder
Nach der Ausgabe von 1875. Nachwort von Rolf Wilhelm Brednich. 280 Seiten, 94 Abbildungen, 9,80 DM

Band Nr. 65
Georg Scherer
Alte und neue Kinderlieder
Nach der Ausgabe von 1849. Herausgegeben von Hubert Göbels. 207 Seiten, 80 Abbildungen, 7,80 DM

Band Nr. 67
Ludwig Richter
Goethe-Album
Nach der Ausgabe von 1857. 40 Holzschnitte von Ludwig Richter. 82 Seiten, 6,80 DM

Band Nr. 88
Karl Simrock
Das deutsche Räthselbuch
Nach der Ausgabe von 1850. Herausgegeben von Hubert Göbels. 183 Seiten, 7,80 DM

Band Nr. 89
Hans Christian Andersen
Gesammelte Märchen
Nach der Ausgabe von 1850. Herausgegeben von Hubert Göbels. 125 Illustrationen von Vilhelm Pedersen. 580 Seiten, 14,80 DM

Band Nr. 108
Rebusbilder
Aus der Wiener allgemeinen Theaterzeitung. Nachwort von Fritz Bernhard. 92 Seiten, 46 Farbtafeln, 14,80 DM

Band Nr. 123
Hubert Göbels
Hundert alte Kinderbücher aus dem 19. Jahrhundert
Eine illustrierte Bibliographie. 461 Seiten, 300, teilweise farbige Abbildungen, 28,– DM

Band Nr. 142
Musenklänge aus Deutschlands Leierkasten
Nach der Ausgabe von 1850. 196 Seiten, zahlreiche Abbildungen, 6,80 DM

Band Nr. 148
Robert Lebeck (Hrsg.)
Liebig's Sammelkarten
Eine Auswahl. Nachwort von Gerhard Kaufmann. 174 Seiten, 166 farbige Abbildungen, 19,80 DM

Band Nr. 156
Julius Jakob
Wörterbuch des Wiener Dialektes
Nach der Erstausgabe von 1929. 233 Seiten, 8,80 DM

Band Nr. 161
Die Kunst in der Liebe und Freundschaft eine glückliche Wahl zu treffen
Nach der Ausgabe von 1816. Nachwort von Ulrike Bessler. 116 Seiten, 32 farbige Abbildungen, 12,80 DM

Band Nr. 173
Hans J. Schickedanz (Hrsg.)
Der Dandy
Texte und Bilder aus dem 19. Jahrhundert. 206 Seiten, 70, teilweise farbige Abbildungen, 14,80 DM

Band Nr. 174
Dreihundert berühmte deutsche Männer
Bildnisse und Lebensabrisse. Nach der Ausgabe von 1890. Illustrationen von Hugo Bürkner. Herausgegeben von Hubert Göbels. 345 Seiten, 9,80 DM

Band Nr. 186
Marianne Bernhard (Hrsg.)
Künstler-Autographen
Dichter, Maler und Musiker in ihrer Handschrift. 266 Seiten, 14,80 DM

Band Nr. 196
Hubert Göbels
Hundert alte Kinderbücher aus Barock und Aufklärung
Eine illustrierte Bibliographie. 437 Seiten, 300 Abbildungen, 28,– DM

Band Nr. 225
Immerwährender Kalender für die tüchtige Hausfrau
99 Seiten, 24 Abbildungen, 9,80 DM